L'Amour
est tout près

Des mêmes auteures

Karine Le Marchand

Devenir heureux, les épreuves qui font notre force,
Calmann-Lévy, 2009

Alix Girod de l'Ain

Comment se faire épouser ?, Anne Carrière, 1996
De l'autre côté du lit, Anne Carrière, 2003
Sainte Futile, Anne Carrière, 2006
La Vraie Vie du docteur Aga, avec Soledad Bravi, Casterman, 2010
Un bon coup de jeune, Anne Carrière, 2012

Karine Le Marchand
Alix Girod de l'Ain

L'Amour est tout près

Célibataires, les clés pour être heureux à deux

Philippe Rey

7, rue Rougemont – 75009 Paris
www.philippe-rey.fr

À Maryse Vaillant, en souvenir de sa lumière

À Alya, Khephren et Marcus
À Félix, Éloïse et Paulo,
nos enfants

En espérant que ce livre les aidera dans la longue, tendre et joyeuse vie amoureuse qui les attend, et en les assurant que, quoi qu'il arrive, lorsqu'ils nous présenteront leur élu(e), nous leur dirons : « Mouais… pas assez bien pour toi, chéri(e) ! »

Sommaire

Hommes

Introduction

Si vous avez acheté ce livre ou si on vous l'a offert, c'est sans doute que vous êtes célibataire. Est-ce un défaut, une tare, quelque chose qu'il faudrait « réparer » de toute urgence ? Bien sûr que non ! Rien qu'en France, on estime que dix-huit millions de personnes sont dans votre cas, et il suffit de regarder autour de soi pour constater que ceux qui vivent en solo ne sont ni plus bêtes, ni plus moches, ni plus tordus que ceux qui vivent à deux (au contraire, diront certains impertinents de notrc connaissance...).

Alors que le célibat explose partout en Occident, beaucoup le revendiquent comme un choix de vie et clament haut et fort : « Cessez de prétendre que le couple est la panacée, on sait bien que ça ne marche pas ! » À ceux-là, les auteures de ce livre voudraient répondre avec la plus grande courtoisie doublée de la plus grande fermeté : « Stop ! Pas à nous ! » Animatrice, journaliste, nos métiers consistent à rencontrer des gens. Karine, qui sillonne la France depuis des années au service des célibataires de *L'Amour est dans le pré*, et Alix, qui écrit sur le couple depuis plus de quinze ans, le constatent au quotidien : si la vie à deux n'est pas toujours un lit de roses, elle reste une aspiration commune. Le célibat, lui, est le plus souvent subi. Entre ceux qui n'en peuvent plus d'entendre : « Mais on ne comprend pas, tu as tout pour toi ! », celles qui n'arrivent pas à construire une véritable histoire d'amour ou ceux qui se font tout le temps quitter, nous avons parlé avec des dizaines d'hommes et de femmes prêts à beaucoup pour que ça change ! Nous nous souvenons de cette jolie fille de 35 ans qui nous a dit un jour en souriant : « Je n'ai qu'un rêve : pouvoir un jour appeler ma mère pour me plaindre que mon mec ne sait même pas où est le panier à linge ! »

Les célibataires n'aspirent pas forcément au pack complet qui comprendrait la chaumière, les deux cœurs, les trois marmots et le labrador, mais tous savent que la joie d'aimer et de se sentir aimé est de celles qui font avancer, vibrer, mieux : se sentir vivant. Seulement voilà, comment faire, quand on a le sentiment d'aller d'échec en échec ? *L'amour est tout près* a beau n'avoir qu'une ambition, celle-ci n'a rien de modeste : nous voulons vous aider, concrètement, à changer pour que tout change.

Drôle d'attelage que les auteures de ce livre... d'autant qu'elles ne sont même pas célibataires ! Chacune sur une trajectoire parallèle, la grande brune de la télé et la petite rousse de la presse écrite n'étaient pas destinées à se croiser. Si, depuis des années, chacune suivait avec intérêt, voire amusement, le travail de l'autre, il y a encore un an nous ne nous connaissions pas. C'est Karine qui a eu l'idée de ce livre et de cette rencontre.

La première fois que nous nous sommes vues, il y avait des beignets de courgettes, des falafels, du vin blanc (pour Alix) et des artichauts crus (pour Karine). Il y avait surtout deux femmes qui se sont flairées et se sont trouvé un sacré point commun : nous sommes deux marieuses, des vraies ! Des acharnées, des qui ne rigolent pas avec ça, des filles du genre à croire que l'amour est toujours possible et même souvent... tout près !

Au cours de ces mois de travail, nous avons beaucoup gambergé, beaucoup ri aussi et si quelqu'un avait pu intercepter l'un de nos 1 280 mails ou 398 SMS disant « Je suis sur le zizi addict » ou « Je me mets sur la sorcière », nous aurions risqué de finir à l'asile !

Ce livre, nous ne l'avons pourtant pas conçu toutes seules. Pour être deux femmes tout à fait remarquables d'intelligence, de bon sens et bien sûr de modestie (!), nous ne sommes pas aussi piquées que nos échanges de messages le laissent entendre. Pas question de se faire plaisir, de faire nos malignes et nos madame-je-sais-tout, encore moins de nous draper dans notre suffisance de « filles qui ont trouvé l'amour, elles, nananèère ». Et nous sommes bien conscientes que le célibat, lorsqu'il est vécu douloureusement, est un sujet sérieux. Nous nous sommes donc tournées vers la crème de la crème des psys et des sexologues (merci à eux, merci à nos boulots qui nous permettent d'avoir accès aux meilleurs !) : Sophie Cadalen, Serge Hefez, Alice de Lara, Sylvain Mimoun, Caroline Thompson et Maryse Vaillant nous ont longuement reçues pour répondre à toutes nos (vos) questions.

Ce que nous avons découvert ? Que, s'il n'y a pas de fatalité à être malheureux en amour, il y a des points communs chez tous les recalés du couple. Dans les cabinets des spécialistes, ce sont souvent des gens aux parcours similaires que l'on croise. C'est pour cette raison que ce livre se présente sous la forme d'une typologie de profils. Tous les défauts ne sont pas éliminatoires, et heureusement, mais certains comportements découragent les meilleures volontés : être tout le temps en retard, ça irrite, mais ça ne disqualifie pas. Être radin, en revanche, est de ces travers qui risquent de vous isoler pour de bon si vous ne prenez pas le taureau par les cornes.

Dix-neuf profils – neuf de femmes, neuf d'hommes et, entre les deux, celui d'un(e) hyperexigeante(e), à lire au masculin ou au féminin, l'« animal » étant unisexe –, est-ce suffisant pour couvrir toute la gamme des bizarreries humaines ? Sans doute pas, mais les portraits retenus sont ceux qui ont fait l'unanimité chez nos spécialistes, comme étant des « classiques » de leurs salles d'attente... En revanche, nous avons volontairement écarté les pervers (manipulateurs), les psychotiques, les « physiques rédhibitoires » (reconnaissons que certains ont davantage besoin d'un bon orthodontiste que d'un psychiatre... et c'est tant mieux pour eux), bref, tous ceux pour qui changer ne relève pas du comportement. Il est fort possible que de votre côté vous ayez connaissance d'un ou plusieurs « cas intéressants » que nous n'aurions pas traités : n'hésitez pas à nous envoyer vos témoignages chez notre éditeur, s'il y a matière à un tome deux, nous serons ravies de reprendre notre tandem !

Loi du « plus grand dénominateur commun » oblige, nos profils dépeignent des hétérosexuels, mais il va de soi qu'en matière de défauts, nos amis homosexuels n'ont rien à envier au reste de la population ! Qu'ils n'en profitent donc pas pour passer leur chemin : même motif, même punition, il leur suffira de remplacer l'objet de la flamme de chaque célibataire par une personne plus susceptible de leur plaire et zou, au boulot !

Sciemment, nous avons dépeint des hommes et des femmes bien « atteints », mais qui peut le plus peut le moins... Gageons que chacun s'y reconnaîtra, même dans une forme plus light, et surtout y reconnaîtra ses proches, toute ressemblance avec des personnes existant ou ayant existé étant pire que volontaire : revendiquée !

À la suite de chaque portrait plantant le ou la célibataire dans son contexte social et professionnel (Alix, qui les a rédigés, y a volontairement distillé un peu d'humour, il ne s'agit pas de se plomber le moral !), vous trouverez, sous la plume de Karine, des pages d'analyses, faites d'explications, de décryptages et de conseils. Nous croyons que les relations amoureuses peuvent être envisagées comme un domaine dans lequel il est possible de progresser, aussi vous trouverez des exercices pratiques dans chaque chapitre.

Précisons qu'en matière de défauts ou de manies, le cumul des mandats étant plus que légal… fréquent, vous pourriez bien vous trouver à l'intersection de plusieurs profils et donc travailler sur plusieurs d'entre eux, en commençant par celui qui vous semble le plus prégnant chez vous.

À notre sens, il y a là une démarche intéressante à faire pour tout le monde, quels que soient nos âges, parcours ou situations de famille. Car les travers ou bizarreries de comportement ne sont pas l'apanage de ceux qui vivent seuls, bien au contraire. Chaque personne en couple étant par définition un ou une ancienne célibataire (et peut-être futur/e, diront les Cassandre !), ces lignes pourraient être utiles également aux personnes qui ont quelqu'un dans leur vie, ceux pour qui tout va bien, comme ceux pour qui les choses sont fragiles, incertaines ou compliquées. Avant d'aller vers un nouvel échec, il est peut-être temps de redresser la barre, à tout le moins d'apprendre à faire la part entre ce qui est invivable, quelle que soit la bonne volonté du conjoint, et ce qui relève du petit travers pas trop grave – la grand-mère d'Alix, une sage, lui disait : « N'oublie jamais de regarder les défauts des hommes que tu rencontres : aimer quelqu'un pour ses qualités, c'est facile. Mais les défauts, eux, ne font que s'accentuer avec le temps, alors s'ils ne sont pas compatibles avec les tiens, passe ton chemin ! »

Nous ne pouvons, hélas, pas vous garantir qu'après la lecture de ce livre, vous serez « mariés dans l'année », mais nous pouvons vous promettre ceci : comme nous, vous aurez appris des choses, sur vous, mais aussi sur ceux qui vous entourent. Lors de vos futures rencontres, vous serez bientôt capables d'analyser comme des pros : « Tiens, elle a l'air d'une “coincée”... Bah, ça me convient mieux qu'une “grande brûlée de l'amour”, j'ai déjà donné et ça ne colle pas du tout avec mon côté “mutique” ! »

Personne n'est parfait, mais – c'est la bonne nouvelle de ce livre – tout le monde, ou presque, est perfectible ! Croyez-en Karine (ex-« infirmière », « fille qui fait peur » et « hyperexigeante » au moment où nous terminons ce livre...) et Alix (une vraie « sorcière » ascendant « hystérique », de son propre aveu) qui vous souhaitent de tout cœur de prendre autant de plaisir à lire ces lignes qu'elles en ont eu à les écrire ensemble.

1
L'infirmière

CE QUE LES GENS QUI LA CONNAISSENT DISENT D'ELLE

Y a pas comme un souci avec le casting de ses mecs ?

CE QUE SES COPINES DU LYCÉE DISAIENT D'ELLE À 18 ANS

Tu peux le croire que Marion a envie de sortir avec le seul type qui, de toute l'histoire du lycée, se soit fait gauler à fumer l'acide chlorhydrique du cours de chimie ?

CE QUE SON PATRON PENSE D'ELLE

Je ne comprends pas... Ce Marc pour lequel elle quitte si souvent le bureau à 18 heures, c'est son fils ?

CE QUE SA MÈRE LUI RÉPÈTE

Ne fais pas comme moi ! Choisis un homme qui va bien, la vie est longue, ma fille !

CE QUE SA MEILLEURE AMIE LUI RÉPÈTE

T'as déjà eu un camé et un alcoolo... À force de vouloir tout réparer, c'est toi qui vas finir toute cassée, Marion...

CE QUE SON EX DIT D'ELLE

Marion ? Aïe aïe aïe ! Si seulement elle n'avait pas été tout le temps sur mon dos, on serait peut-être encore ensemble... Mais ce qui est sûr, c'est que je lui ai fait beaucoup de bien...

PLAISIR D'OFFRIR… SANS RIEN RECEVOIR

23h30 : Marion quitte l'appartement de ses parents en grinçant : « Merci pour ce bon procès. » Mais qu'est-ce ce qu'il se passe en ce moment, sa famille est en overdose de « Faites entrer l'accusé » ? Ce soir, elle a pris trop cher : Et les « Tu mérites mieux ! », les « Donne-nous une seule raison de ne pas quitter ce mec » et les prophéties rabat-joie « il va t'entraîner et ça finira mal ! ». (Bérangère, sa grande sœur, semble être également accro aux émissions de voyance sur le câble.) Seul son père secouait la tête sans rien dire, et pour cause, le pauvre, vingt-cinq ans de dépression, ça ne fait pas des grands volubiles… Marion est partagée entre colère et abattement : dire que le jour où elle a quitté Luis pour Marc, elle pensait que tout s'arrangerait avec sa famille… Luis, OK, c'était un dossier compliqué. Un type génial, certes, mais un écorché vif, pas du tout formaté pour un parcours classique. Même si, aujourd'hui, il s'en est sorti, c'est vrai que la case « prison » avait de quoi refroidir l'ambiance entre lui et les parents. Mais Marc ? Marc, ça n'a rien à voir, il a des papiers, lui, et pas de problème de drogue, c'est juste un artiste qui se cherche encore, avec ce que ça implique de… tâtonnements. Il a besoin d'une femme qui ait les pieds sur terre : en six mois, il a déjà – quasiment – arrêté l'alcool, à ce rythme il signera un contrat avec une major avant la fin de l'année, elle en est sûre ! La tête de la mère de Marion quand elle lui a balancé : « Une seule raison de ne pas le quitter ? Il me fait l'amour comme personne, figure-toi ! » Quand on s'en prend à Marc, elle est capable de tout…

23h35 : Marc n'est pas rentré. Mais il a pris les 50 euros que Marion avait laissés discrètement dans l'entrée, au moins, il aura de quoi dîner, c'est déjà ça ! Elle ne voudrait pas qu'il se sente humilié de dépendre d'elle, heureusement qu'il répète toujours que l'argent est une fausse valeur... Il a tout compris, au fond ! Dire qu'il y a des cons pour prétendre qu'il est immature !

Minuit : Marc n'est toujours pas là. Sa répétition avec le groupe doit s'éterniser. Marion lui envoie un SMS pour lui demander à quelle heure il pense rentrer.

0 h 23 : Pas de réponse. Marion se demande si son texto ne faisait pas un peu « flicage » : elle envoie un autre message : « J'ai envie de toi mon amour, rentre vite ! »

0 h 25 : Pas de réponse. Marion se dit que son téléphone ne doit pas passer dans le garage de la mère de Jeff, pauvre chou coupé du monde !

1 h 15 : Toujours rien. Marion commence à craindre qu'il lui soit arrivé une embrouille : elle aurait peut-être dû passer le prendre en voiture ? Si seulement il avait son permis, ça lui éviterait de faire des mauvaises rencontres dans le métro...

2 h 32 : Marion a fini par s'endormir sur le canapé, encore habillée. Mais depuis le temps, le plus petit grincement du parquet la réveille. Elle se redresse brusquement en voyant la grande silhouette de Marc dans le couloir et se jette dans ses bras, soulagée.

2 h 33 : Oh non ! Il sent le vin ! D'un coup d'un seul, la colère monte en elle. C'est pas possible, il lui avait promis ! Marc hausse les épaules : c'est pas du tout ce qu'elle croit... En fait, c'est le groupe, ils l'ont quasiment forcé à boire pour fêter une « bonne nouvelle », tu parles ! Demain, le talent scout de Super Records a promis de passer pendant les réglages son du concert, ils sont sûrs que ça sent le contrat. Mais lui n'y croit pas, pas un instant, les promesses des majors, il a appris à se méfier... En fait, il est plus déprimé que jamais... Marion sursaute : mais au contraire, c'est génial ! Une chance historique pour les Metal Skulls ! Marc baisse la tête et maugrée : « Tu

crois ? » Marion lui relève le menton : c'est pas qu'elle croit, c'est qu'elle est sûre et certaine !

2 h 38 : Marc et Marion font l'amour.

3 h 49 : Marc et Marion font toujours l'amour.

7 h 05 : Lorsque le réveil sonne, le premier geste de Marion est de tendre un bras vers Marc, tout tiède de sommeil pour caresser ses cheveux, cette belle tignasse bouclée couleur de miel. Elle se demande si elle l'aurait aimé chauve, avec des petits yeux et des grosses cuisses. Oui, bien sûr, il est irrésistible, se convainc-t-elle, attendrie. Pour l'heure, l'irrésistible ronfle en exhalant de légers effluves d'alcool, une jambe pendant hors du lit. Comme un robot, Marion lui prépare un bol de céréales complètes et un litre de lait demi-écrémé sur un plateau qu'elle pose à côté du lit et règle à nouveau le réveil sur 11 h 55 afin qu'il ait ses huit heures de sommeil. Avant de filer au bureau elle lui sort un jean et un tee-shirt propres, et griffonne un petit mot : « Bonne chance pour ce grand jour, mon amour ! Tel moi dès que tu te réveilles. N'oublie pas, pour les réglages son, c'est 14 heures pile, métro Malakoff/Plateau de Vanves. J'ai checké le trajet sur internet mais il faut que je t'explique. Je t'M. »

12 heures : Marc n'a pas appelé.

12 h 08 : Marc n'a pas appelé. Marion, qui vient de disserter brillamment sur le thème de la gestion des risques devant l'équipe commerciale, se dit qu'il est temps de lui passer un coup de fil.

13 h 10 : Marion a déjà laissé six messages à Marc. Celui de 13 h 01 disait : « Si tu ne me rappelles pas d'ici exactement quatre minutes, tu ne me revois plus jamais de ta vie. »

13 h 12 : Marion est passée du mode « furie » au mode « inquiète » : et si Marc avait fait un AVC dans son sommeil ? Elle prétexte un déjeuner clientèle et quitte le bureau en trombe, sous l'œil mi-goguenard, mi-las de Patricia, l'assistante du service.

13 h 49 : Marion pousse la porte de sa chambre. Marc est au lit, en train de petit-déjeuner d'une Corona. L'œil éteint, il regarde une présentatrice de téléachat vanter les mérites d'une poêle en pierre. Il ne reste que onze minutes avant le rendez-vous au studio, c'est foutu... Marion n'a même pas envie de crier, juste de pleurer. Marc lui sourit faiblement : « Tu es venue pour me déposer en voiture à Malakoff, c'est ça ? Mais pas la peine, j'irai pas, ça sert à rien, c'est tous des cons. »

14 h 09 : Marion pousse Marc à l'intérieur du studio d'enregistrement. Par quel miracle a-t-elle réussi à le convaincre de sortir du lit, à le laver, l'habiller et faire le trajet en vingt minutes ? Sans doute par un miracle qui s'appelle l'habitude. La jeune femme repart en trombe au bureau.

18 h 27 : Marc appelle Marion pendant la réunion « Maîtrise des actifs-passifs ». Elle s'excuse et court dans le couloir. Bon, ben ça ne s'est pas si mal passé. Le type de Super Records leur a proposé de faire la première partie du concert des BBbrunes à la Cigale.

18 h 28 : Marion ferme les yeux, traversée par onde de chaleur, une onde de bonheur. Elle sait ce dont elle a envie, là, tout de suite. D'un bébé de Marc.

18 h 28' 38" : Marc vient de terminer sa phrase : « Évidemment, je l'ai envoyé chier. C'est de la merde, les BBbrunes. »

LES CLÉS DE SON COMPORTEMENT

Son problème

L'infirmière, c'est cette fille super, intelligente, bosseuse, pleine d'énergie, qui vit une énième histoire d'amour pathétique avec un pauvre type qui végète à son crochet et l'entraîne dans son autodestruction. Personne ne comprend pourquoi elle l'aime, ce qu'elle lui trouve. Elle mérite tellement mieux...

Ce qu'en disent les psys

Certaines jeunes filles vont se construire en superposant à l'image de mère soignante d'autres images de femmes (intelligente, drôle, entreprenante, séductrice, garçon manqué, etc.). Mais chez d'autres, cette image de la mère infirmière va prendre toute la place.

Quand une petite fille a un parent défaillant ou amoindri (dépressif, dépendant, malade chronique) qu'il a fallu protéger, celle-ci peut devenir cette femme infirmière. Il y a aussi des petites filles qui reproduisent le schéma de leur mère forte, qu'elles admirent.

Ce qui est constant, c'est que leur père ne les a pas assez regardées, n'a pas été assez attentif, ne leur a pas fait de compliments. Elles sont assez carencées par rapport au regard des hommes, ce sont des filles chouettes, battantes mais pas narcissiques du tout.

Elles s'identifient à ce modèle de la femme infirmière, et ont le sentiment qu'elles seules sont capables de guérir, de soigner les autres. Puis petit à petit, cela va devenir : « je ne peux faire que ça». Et pour que les hommes intéressent ces femmes, il faut qu'ils soient malades, cognés, blessés. Car, là, elles vont se sentir exister.

Faire la différence entre maternelle et infirmière

Toutes les petites filles ont joué à l'infirmière, et beaucoup d'entre elles ont rêvé d'en faire leur métier « quand elles seraient grandes ». Car il y a une tendance chez une majorité des fillettes (et de femmes) à aimer prendre soin. C'est le fameux *care* que les Anglo-Saxons ont tout le temps à la bouche... et il fait partie de notre imaginaire, entretenu depuis la nuit des temps, toutes origines confondues. C'est en ayant un poupon dans les bras qu'une enfant apprend à devenir une mère. Une « mère », au sens de « prendre soin » des autres (il y a beaucoup de façons de tenir ce rôle).

Il est important d'expliquer à nos filles la différence entre « maternelle » et « infirmière ». Une femme est maternelle lorsqu'elle se soucie du confort de l'autre, qu'elle fait tout pour lui faire plaisir, il s'agit là d'être généreuse, de porter attention, d'anticiper des actions.

Être infirmière, c'est donner de soi et ne rien attendre en retour, pendant des années, des siècles, c'est être toujours déçue, jusqu'à parfois toucher le fond... L'autre est nécessairement malade, et c'est d'ailleurs ce qui fait son charme. Les hommes qui vont bien n'intéressent même pas l'infirmière.

Être une infirmière en amour, c'est épuisant, destructeur... et sans espoir.

Une blessure qui attire et fait sombrer

L'homme blessé qui la fait chavirer n'est pas n'importe qui : les épreuves l'ont marqué mais son visage reste beau, et il a une chute de reins démente… Ce garçon que l'on appelle *loser*, celui qui perd toujours, le taulard, l'alcoolique, le joueur, le drogué, l'artiste écorché, est un bon amant. Le sexe est important dans leur relation, et c'est au lit qu'il reprend sa place d'homme conquérant. Ces deux-là font partie de ces couples chez qui « allongés, ça marche mieux que debout ».

La femme infirmière est attirée par la blessure de son homme, qui lui confère du mystère, de la magie, c'est son atout majeur.

Il y a là deux éléments très forts : elle a quelque chose qu'il n'a pas (la force, la réussite, l'optimisme), et il a quelque chose qui lui manque (la blessure).

L'infirmière n'est pas heureuse, elle s'épuise jusqu'à un point inimaginable, elle se met en danger, elle peut aller très loin par amour. On en a vu acheter de la drogue dans des endroits sordides pour fournir son homme, faire la planque pendant ses braquages. Elle préfère être présente… au cas où son jules serait en difficulté et aurait besoin d'elle.

Toujours la même histoire qui se répète, et finit mal

L'infirmière est une femme dont l'histoire amoureuse est faite de répétitions : d'échec en échec, de loser en loser. Cette femme est rarement seule (c'est d'ailleurs ce dont elle a horreur), car elle est terriblement attirante pour un homme qui ne veut rien prendre en charge, même pas lui-même. Et il y en a beaucoup…

Au début de la relation, tout est beau, comme souvent. L'infirmière hyperprotège, elle se sent utile, pendant que lui la met sur un piédestal. Il a du respect et de l'admiration pour elle. Elle ne réalise pas que la souffrance de son homme – qui se traduit par l'alcoolisme, la délinquance, la fainéantise ou la procrastination extrêmes – n'est pas une petite cicatrice qui fait joli sur la joue, mais une faille profonde.

L'infirmière est prise au piège, car si ce monsieur est très abîmé, elle ne peut pas guérir ses blessures d'enfance.

Elle comprend un jour que ce qui lui manque est vertigineux…

Là, il y a plusieurs scénarios possibles, qui mènent tous à la rupture. L'infirmière en expérimente souvent plusieurs dans sa vie amoureuse :

1) Elle est intelligente, et réalise que, dans un couple, on ne peut jamais être le psy de l'autre. Dans ce cas, l'infirmière s'en va, souvent avant de faire un bébé. De toute façon, ça vaut mieux, car dès que l'enfant apparaît, il va devenir la priorité de la femme. Et l'homme de l'infirmière va se sentir complètement abandonné, ce qui peut provoquer de grandes violences chez lui, ou dans une moindre mesure, la rupture…

2) Elle s'enfonce avec lui (« Avec tout l'amour que je lui porte ce n'est pas possible qu'il en reste là »), et c'est là qu'elle devient complice de ses errances. Parfois, si l'homme va trop loin dans la délinquance ou l'addiction, l'infirmière a un cas de conscience moral, elle sent bien qu'elle s'est éloignée de ses propres valeurs. Alors elle a le courage de se séparer, la mort dans l'âme, mais déjà prête à y croire encore. Tous les psys sont formels : l'amour n'arrive pas à faire arrêter l'alcool, la drogue, la délinquance. Les paumés peuvent seulement nous attirer avec eux dans leur gouffre.

3) Quand la blessure n'est pas trop profonde (une grosse flemme chez l'artiste maudit, par exemple), il arrive que ce soit l'homme qui parte pour une autre femme, qui ne sera pas du tout infirmière et avec laquelle il va construire quelque chose de solide. Il peut même pousser le bouchon jusqu'à partir avec une fille fragile qu'il aura envie de… protéger. Pour l'infirmière quittée, c'est la grosse claque, la désillusion totale. Tout est à recommencer… avec un autre.

Une initiatrice pour éduquer un homme

Certaines femmes ont une mission à remplir, celle de terminer l'éducation parentale d'un homme. On oublie trop que c'est souvent l'amour qui permet à un homme de mûrir. Les psys disent que ce sont les femmes qui font les hommes, parce que les mères ne font que des fils.

Transformer un fils en homme, c'est le travail de la première compagne. Certains l'ont bien compris, et aiment une femme mûre avant d'en épouser une de leur âge... Le fils (dépendant de sa mère) devenu homme, peut alors prendre soin d'une autre.

Inconvénients et avantages d'une situation de dépendance

Un couple équilibré et heureux, c'est deux personnes qui se font du bien mutuellement. Un couple ne peut pas se construire sur quelqu'un qui nourrit l'autre, lequel lui-même se laisse gaver.

Un homme trop protégé ne peut pas s'épanouir, petit à petit il ne prend plus soin de lui et devient dépendant. Et en même temps, il perd son estime de soi et se sent moins puissant. Pour les hommes, qui restent élevés dans l'idéologie de la virilité comme synonyme de puissance et de pouvoir, le fait d'être trop cocooné sera toujours castrateur.

Malgré les apparences, l'infirmière n'est pas une victime.

Elle aime avoir une place prépondérante au sein du couple, et vit dans une sorte de toute-puissance. D'autant qu'elle fait ce qu'elle veut, qu'elle est indépendante financièrement.

Son loser l'admire pour ses qualités exceptionnelles, elle si travailleuse, investie, organisée, attentionnée. Il le clame (et heureusement) : sans elle, il ne serait rien ! Auprès de lui elle se sent capable. C'est une femme qui sait tout faire, toujours trouver des solutions. Hyperorganisée, elle offre tout sur un plateau d'argent.

Et puis son couple, c'est l'antiroutine : 200 % d'adrénaline ! L'inquiétude est permanente, entretenue continuellement. Dans quel état va-t-il rentrer ? Que va-t-il me dire de ce qui s'est passé ? L'infirmière est toujours sur la brèche, l'ennui n'existe pas.

Tout cela la flatte, elle se sent utile, reconnue. Et elle qui a peur de l'abandon, est certaine que son homme ne va pas la quitter. Comment le ferait-il, d'ailleurs ? Avec quoi ? Cette situation de dépendance la rassure.

Mais ce n'est pas parce qu'un homme reste qu'il est bien (tout comme ce n'est pas parce qu'un garçon est fidèle que c'est un bon amant). Il y a, hélas, des hommes qui restent, alors qu'il vaudrait peut-être mieux qu'ils s'en aillent…

Exercice pratique : la jachère affective

Pour mettre fin à la répétition amoureuse, quelle qu'elle soit, la première attitude est de vraiment faire le bilan après chaque séparation. Pour casser ce cercle, il peut être préférable de s'imposer un moment de solitude : une jachère affective. Pour ne plus avoir peur d'être seule, s'astreindre à essayer de le rester un peu. Ça ne veut pas dire être une nonne, mais pendant quelques mois, quelques années peut-être, prendre le temps du papillonnage, avoir plusieurs aventures, faire une retraite dans un endroit paisible, aller voir des copines…
Pour ne pas recommencer, il faut prendre le temps de penser, faire le point sur : « Qu'est-ce que j'ai aimé, qu'est-ce qui m'a attirée, qu'est-ce que cet homme-là m'a apporté de bien ? »
Après chaque échec, ne pas avoir peur de chercher le positif, car si on ne cherche que le négatif, la pensée va se bloquer. Donc, on va tomber dans la plainte et se dire : « Je ne suis qu'une

pauvre petite femme malheureuse», puis recommencer. Mais si on prend le temps entre chaque histoire, c'est là que l'on peut se dire : «Au fait, Albert était comme Alphonse, qui était comme Alain... Et chaque fois je me suis retrouvée dans les mêmes histoires, il y a des tas de points communs.»
Donc là, stop! Il faut aller voir un psy, quelquefois, pour en venir à se dire : «Ces hommes m'ont fait du bien, mais tout compte fait, je ne veux pas que ça dans ma vie. Je veux aussi construire.»
Se mettre en jachère d'amour, ça permet aussi de s'investir dans d'autres domaines qui nous épanouissent (la danse qu'on faisait enfant, les cours de peinture qu'on a toujours eu envie de prendre, le bénévolat...). Tous les centres d'intérêt qui nous renarcissisent sont bienvenus. L'objectif est de comprendre qu'on est capable d'avoir des échanges dont on sort rassuré(e), grandi(e).

Le changement grâce à la confiance en soi

Si l'infirmière récupère une belle confiance en soi, elle va arrêter de chercher un «pauvre type sans collier». Dans un second temps, elle va s'apercevoir qu'elle suscite l'intérêt de celui qu'elle ne voyait même pas, celui qui a une position sociale enviable, qui est intelligent, qui n'a pas besoin d'elle dans une relation mortifère. En renonçant aussi à sa toute-puissance, elle saura qu'elle peut trouver un partenaire «égal», à sa hauteur.

Et cette ex-infirmière pourra alors accepter qu'un homme prenne soin d'elle quand elle en aura besoin.

2

Celle qui fait peur

CE QUE LES GENS QUI LA CONNAISSENT DISENT D'ELLE
Je ne comprends pas pourquoi une fille pareille est seule !

CE QUE SES COPINES DU LYCÉE DISAIENT D'ELLE À 18 ANS
Dans cinq ans elle est mariée, dans dix elle a trois mômes !

CE QUE SA MÈRE LUI RÉPÈTE
Tu ne devrais peut-être pas dire aux hommes combien tu gagnes ?

CE QUE SA MEILLEURE AMIE LUI RÉPÈTE
Tu devrais peut-être prendre 15 kilos et te laisser pousser les rides ?

CE QUE LES HOMMES QU'ELLE RENCONTRE DISENT D'ELLE
Elle doit être sur-chiante pour être toute seule !

CE QUE SON PATRON PENSE D'ELLE
Elle est peut-être lesbienne ?

CE QUE SON EX DIT D'ELLE
Avec certaines filles, la vie est une partie de ping-pong. Avec Mathilde, c'était un tournoi d'escrime, sauf que j'avais le sentiment que mon épée faisait 50 centimètres de moins que la sienne.

MATHILDE S'ENDORT AVEC GEORGE CLOONEY

À 7h16, la voix de Maria Callas s'élève dans la chambre. En chantonnant « Casta diva » – juste, Mathilde a remporté un concours d'art lyrique à douze ans –, la jeune femme tapote ses draps en coton d'Égypte à la recherche de George Clooney. Il est là, doux, tiède, et déjà il bascule sur le dos, attendant son câlin. D'une main, sa maîtresse lui grattouille le ventre, de l'autre, elle attrape la télécommande et met BFM TV. Mathilde est du genre à faire plusieurs choses en même temps. Sur un portant, en face du lit, ses vêtements sont déjà prêts : tailleur bien coupé, chemisier crème, boots hautes, Mathilde prétend qu'elle est obligée de faire un effort pour son boulot ; la vérité, c'est qu'elle adore la mode.

En sortant de sa douche, elle ne perd pas de temps à s'observer dans la glace, pourtant elle y verrait une très belle femme de « tuit'ans », plus une gamine sans doute, mais une silhouette que bien des vingtenaires envieraient. Mathilde se sèche vite les cheveux, en avalant son thé fumé à petites gorgées : pas besoin de faire de brushing, c'est le style de femme qui ne frise pas. Pas besoin de se maquiller beaucoup non plus, juste un peu de rose aux joues et de mascara, et elle sera parfaite.

Arrivée au bureau, Mathilde prend le temps d'un café avec la stagiaire extasiée et répond volontiers à ses questions. Oui, c'est donc possible pour une femme d'être associée-partenaire à moins de quarante ans. Bien sûr que non, ça n'implique pas de sacrifices inouïs. Et pour ce qui est de la vie de famille ? Le sourire de Mathilde ne se fige même pas. Aucun problème, elle est célibataire… Mais ça ne lui manque pas du tout, oh ça non, la seule chose qui la gêne vraiment, c'est quand les stagiaires n'arrivent pas à la tutoyer. L'étudiante rit et bredouille qu'elle va essayer. Mathilde sait qu'elle n'y arrivera pas.

Les réunions s'enchaînent. Lorsque la jeune femme entre dans une pièce, il y a toujours comme un silence, un instant suspendu, mais ça, depuis le temps, elle ne s'en rend même plus compte. L'avocate adore son métier, elle prétend que plus c'est difficile, plus c'est risqué et plus c'est amusant : elle ne le dira jamais à ses associés, mais elle ne déteste pas sentir qu'elle peut être meilleure qu'un homme.

À 13 heures, elle écourte le dernier meeting de la matinée : aujourd'hui, Mathilde a un déjeuner, pas question de dépasser les « cinq minutes de courtoisie », soit le retard en vigueur pour un repas d'affaires.

À 13 h 34 exactement, elle pousse la porte du restaurant tout beige où son client vient d'arriver. Dès qu'il l'aperçoit, l'homme lui fait l'« œil du maquignon », comme elle dit, traduire qu'il la détaille des orteils aux boucles d'oreilles, croyant être hyperdiscret. Si ça l'agace toujours un peu, Mathilde sait que c'est le jour où les hommes ne la regarderont plus comme une belle côte de bœuf à l'étal qu'il y aura de quoi faire la gueule. D'autant que, de son côté, elle n'est pas la dernière à mater : comme prévu, comme redouté, Richard F., financier quadragénaire, est dûment bagué à l'annulaire gauche. Comme prévu, comme redouté, entre le carpaccio de bar et le café gourmand, il lui demande combien elle a d'enfants : elle répond « aucun » et devance la question suivante : « Pas de mari non plus ? » L'homme lève un sourcil étonné, il dit : « Allons bon ! Une femme comme vous ? », tout en pensant : « Ce doit être Margaret Thatcher dans le corps de Laetitia Casta. » Mathilde n'essaye même pas de l'enjôler avec des rires de gorge et des petites mines : ses amies ont beau la supplier de « laisser une chance au produit », elle n'a pas suffisamment les crocs pour chasser sur les terres d'autrui. Les hommes mariés, non merci. À la fin du déjeuner, lorsque arrive l'addition, c'est Mathilde qui la prend. Le client proteste et tente de récupérer la soucoupe. L'avocate, amusée, argue : « C'est le cabinet qui vous invite, on va pas en faire un concours de zigounettes. » En regardant les longs doigts manucurés de frais qui tiennent la note fermement, Richard F. éprouve néanmoins un court moment de gêne, comme s'il était dépossédé de quelque chose.

À 19 heures, après deux conf-calls en anglais et trois réunions de suivi de dossiers avec ses adjoints, Mathilde s'autorise à ouvrir sa boîte mail personnelle : pas de nouvelles du bel Éric rencontré jeudi dernier à l'anniversaire de son cousin, à se demander si c'était bien habile de parler de son MBA à Harvard à un prof d'arts plastiques… Mais qu'est-ce qu'elle devrait faire, bon sang, mentir ? Il ne manquerait plus que ça ! Tiens, son amie Brune vient d'envoyer la première photo de sa fille, née la veille. La petite Alba sera la cinquième filleule de Mathilde, qui se demande si un jour elle réussira à pousser la porte d'un magasin pour bébés en professionnelle et plus seulement en amatrice. Une autre copine, Sarah, lui propose un dîner de filles le lendemain : c'est sympa, bien sûr, mais elles sont toutes maquées, et la perspective d'une soirée à n'entendre parler que voyages en amoureux à l'île Maurice (au mieux) ou épisiotomies (au pire) tente Mathilde à peu près autant qu'un week-end « Découverte de la scientologie en baie de Somme ».

La jeune femme regarde sa montre : déjà 19 h 30 ? Elle a rendez-vous dans une demi-heure pour prendre un verre avec « Charles, 43 ans, divorcé ». En se remaquillant dans les toilettes du bureau, Mathilde songe à ses copines qui l'ont forcée à s'inscrire sur « le site des célibataires exigeants » – quel slogan absurde, se dit-elle : existerait-il un site pour « célibataires pas regardants » où l'on ne rechercherait que le fond du seau ? En tout cas, elle ne laissera plus personne dire qu'il n'y a plus d'hommes… Déjà le troisième qu'elle rencontre en trois semaines ! Le premier ne parlait que de lui, le second ne parlait pas du tout… et aucun des deux ne l'a rappelée. Des hommes, il y en a plein, vraiment. Ce qui manque, ce sont les mecs qui ont quelque chose dans le ventre ! Mais peut-être « Charles, 43 ans, divorcé » fera-t-il exception à la règle ? Allez, il faut y croire, 100 % des gagnants ont tenté leur chance, se répète-t-elle avant d'entrer dans le bar.

Quarante minutes plus tard, Mathilde, partagée entre le fou rire et la consternation, repasse la porte dans l'autre sens. Au moins, celui-ci avait quelque chose dans le bide (et autour aussi, mais ça, c'est pas le plus grave) ! C'est la première fois qu'un homme lui dit, carrément, bien en face, droit dans ses Tod's : « Je préfère pas qu'on se revoie. Pour tout vous dire, vous me faites un peu peur. »

Il est 22 heures. Dans son appartement tout blanc, Mathilde retrouve George Clooney. En lui faisant son câlin du soir, elle ne se demande pas depuis quand elle n'a plus caressé le dos d'un être humain. Elle se dit juste qu'elle est contente que son vieux matou obèse ne la trouve pas trop bien pour lui.

LES CLÉS DE SON COMPORTEMENT

Son problème

La fille qui fait peur aux hommes est belle, intelligente, elle poursuit une brillante carrière, elle sait ce qu'elle veut et l'affirme. Elle se fait draguer souvent mais n'entre jamais dans l'histoire sérieuse à laquelle elle aspire. Elle a tout pour elle, pourtant elle reste seule alors que le temps passe…

Ce qu'en disent les psys

On ne compte plus, dans nos grandes villes, les patientes qui se plaignent de faire peur aux hommes. C'est une épidémie urbaine !

Il y a deux types de femmes qui « font peur » :

- Star, héritière, fille sublimement belle, ces femmes inaccessibles sont rarissimes, elles effraient effectivement la plupart des hommes. Mais elles n'ont aucun problème pour trouver l'amour, avec un homme de leur gabarit ou avec celui qui les cueillera avec audace. Inutile de parler de leur cas, elles ne souffrent pas de l'effet qu'elles font.
- Les plus nombreuses sont des femmes qui sont persuadées de faire peur aux hommes et qui en souffrent, bloquées dans cette certitude. Alors que tout en elles obéit aux diktats de la femme parfaite, elles échouent en amour, là où ça semble être si facile pour les autres.

Intimider les hommes n'est pas un handicap

Le problème n'est pas de faire peur, mais de s'installer derrière cette étiquette de la « fille qui intimide », de se l'approprier et de s'y réfugier.

Cette fille peut brandir le « je fais peur » comme un étendard, se raconter en permanence qu'elle impressionne. Et comme c'est à elle que l'on dit : « Je ne comprends pas pourquoi tu es seule », elle imagine que c'est pour cette unique raison qu'elle n'arrive pas à fonder un couple.

Il y aura toujours des hommes qui seront castrés psychiquement par la carrière, les études, l'assurance d'une femme, mais ça doit rester leur problème d'homme. Au fond, si un garçon pense d'une fille : « Mais qu'est-ce que je peux lui apporter ? Elle a tout ! », c'est qu'il ne la mérite pas, n'est-ce pas ?

Un problème d'approche

Celle qui fait peur est souvent une fille qui « en jette ». Parce que sa réussite sociale lui donne de l'assurance et les moyens de s'entretenir, parce qu'elle est jolie et qu'elle fait attention à son apparence, elle se fait souvent draguer.

Mais dès les premiers échanges s'installe un malaise... La fille envoie (sans le faire exprès) des codes « hypersécurisés » d'elle-même : je gère, je fais tout, etc. Et avec son humour trash ou sa culture sans faille, elle fait passer à son interlocuteur des épreuves qui semblent éliminatoires. Via une joute verbale intensive, elle teste celui qui devient son adversaire. Et s'arrange pour que ce test, personne ne puisse le passer brillamment.

Un homme n'a pas forcément envie, dès la rencontre, de monter sur un ring avec une femme, fût-elle très jolie. Il y a toujours une bataille dans la séduction, mais tout de même...

Même inconsciente, cette attitude finit par lasser les prétendants les plus motivés... et la fille qui fait peur voit l'homme qui la draguait au début du dîner repartir après le dessert avec une femme moins jolie qu'elle, moins brillante, moins… tout.

L'image de la femme puissante comme refuge narcissique

Mettons tout de suite les pendules à l'heure : quand une femme croit qu'elle fait peur aux hommes, elle se trompe. En pensant qu'elle impressionne, elle se persuade qu'il émane d'elle une certaine supériorité (elle a été formatée dans ce sens lors de ses études, elle a été survalorisée pour sa beauté, elle évolue dans un milieu professionnel qui entretient une hiérarchie sociale). Il y a ici quelque chose de très narcissique. La « fille qui fait peur » se réfugie derrière une puissance qu'elle s'imagine et qui satisfait l'image qu'elle s'est construite.

Il y a en elle un dilemme qui n'est pas résolu. Elle dit vouloir trouver un amoureux (avoir une épaule, se poser un peu). Mais pour autant, elle ne veut pas que quelqu'un l'amène là où elle ne serait pas dominante. Dans une histoire d'amour, l'autre révèle en nous une fragilité qu'on ne se connaissait pas. C'est ça qui est à la fois bon et troublant. Être en relation avec l'autre, c'est prendre le risque qu'il nous dise : « Je ne te vois pas comme une superwoman », et qu'il nous fasse tomber de ce piédestal sur lequel on s'est installée…

Et on n'est pas toujours aimée pour ce que l'on croit. On se flatte de penser qu'on est superintelligente, mais lorsqu'on demande à son homme : « Pourquoi tu m'aimes ? », il peut répondre : « Parce que ta tête de chaton grognon au réveil me fait rire. » Pas exactement ce qu'on espérait…

Au fond, une femme qui ne sait pas montrer ses fragilités au quotidien n'aspire qu'à ça… tout en étant terrifiée. Celle qui fait peur a lutté pied à pied pour se forger une image de femme forte, cette carapace la rassure.

Mais lorsqu'on affirme à ce point son pouvoir, c'est parce qu'on en doute.

L'ambivalence est là : la fille qui fait peur s'affirme si intimidante face aux hommes parce qu'elle n'est pas sûre de l'être tant que ça.

La hiérarchie de la séduction

Le terme d'« inaccessible » induit la théorie qu'en matière de séduction chacun aurait un « niveau », qui nous positionnerait sur l'échelle du désir des autres. Comme une hiérarchie, chacun aurait une note invisible (mais reconnaissable universellement) sur ce « marché », et qui nous rendrait plus ou moins bankable. Jeune, belle, grande, intelligente et riche, et on s'approche du 20/20. Petite, laide, vieille, bête et pauvre, et on s'approche du 0/20.

Il y a des codes qui font qu'on n'est pas tous aussi compatibles qu'on le voudrait, selon certains critères professionnels, de beauté, de pouvoir ou financiers. Une milliardaire et un ouvrier, ça paraît illégitime, tout comme un top model avec un homme vilain... et fauché ! « Trop bien pour moi », « pas de mon niveau », « je mérite mieux », inconsciemment on se positionne en permanence par rapport aux autres. Comme dans un jeu de dupes, on ne veut pas se faire avoir sur la marchandise à laquelle on se croit en droit de prétendre.

Mais tout ça reste du domaine du conscient, donc pas très grave, parce qu'en parallèle il y a ce désir inconscient qui nous pousse et qui peut provoquer ces rencontres improbables comme il en existe tant... À tout moment un garçon audacieux peut passer par-delà ce qui, a priori, faisait que ça n'aurait jamais été possible.

Cameron Diaz, Kate Moss ou Madonna n'ont jamais manqué de prétendants sérieux qui n'avaient pas peur d'elles...

Se construire une identité figée quand nos fondations sont fragiles

Les gens solides sont des gens très souples, parce qu'ils ont eu dès leur enfance la « nourriture » nécessaire (l'amour, le regard bienveillant, les encouragements des parents).

Leur identité n'est pas si importante, ils ne s'y agrippent pas à tout prix – ils en ont une, bien sûr, mais il y a eu suffisamment d'amour pour qu'ils ne se sentent pas obligés d'y faire référence constamment. C'est comme pour une maison : quand les fondations sont solides, les cloisons peuvent être amovibles, l'édifice tient debout.

En revanche, moins on est sûr d'avoir été aimé, ou reconnu pour ce qu'on a fait, et plus on va peaufiner une identité.

Il y a chez « celle qui fait peur » un grand doute existentiel, masqué par une hyperassurance apparente.

La réussite, où qu'elle se situe (en termes de beauté, de métier, de notoriété, d'argent, etc.) sert à pallier quelque chose. Mais ce n'est pas le confort matériel qui peut rassurer une femme sur ce qu'elle est.

Les filles très belles vont toutes atteindre un âge où on ne les regardera plus autant, celles qui ont un super poste vont un jour voir arriver des petites jeunes pour les supplanter.

Si c'est seulement son image et cette puissance qui valident ce qu'est la « fille qui fait peur », alors un jour ou l'autre, l'édifice s'écroule.

Car ses fondations, à l'origine, n'étaient pas solides...

Exercice pratique : établir son cahier de doléances

Pour beaucoup, le couple est considéré comme le saint graal, le but à atteindre. Mais que l'on soit célibataire ou en couple, il est bénéfique de faire régulièrement le point sur

ce qu'on attend vraiment de la vie à deux. Mettons de côté tout ce qui concerne la parentalité et les couples d'amis, les grandes envolées sur la famille qui se fonde, les valeurs qui se partagent, le grand blabla du sens de la vie.
Au-delà des premiers émois, et du cœur qui bat quand la clé de son conjoint ouvre la porte d'entrée (ça dure trois mois maximum), qu'attendons-nous de l'amour au quotidien? Concrètement, il est bénéfique de lister les petites choses de chaque jour, qui font que l'on est bien à deux.
Ne plus partir seul en vacances l'été, s'endormir l'un contre l'autre, avoir une écoute bienveillante, faire un jogging le dimanche, partager le petit-déjeuner, repeindre les toilettes en violet, avoir un fou rire, rater une recette de tarte au citron (mais à deux), détester les mêmes gens pour les mêmes raisons, surtout si elles sont mauvaises, regarder la télévision dans les bras l'un de l'autre, se faire préparer la tisane au miel du soir...
Si l'on vit seul, on se rend compte que l'on recherche des choses simples, et qu'on aimerait surtout un conjoint gentil, attentif et tendre. Pas forcément un surhomme hyperviril, ou une sublime intellectuelle.
Si on vit à deux, on peut comparer sa liste avec ce qui se partage réellement avec notre conjoint, et repenser ensemble ce qui nous manque ou ce qui s'est éteint.

Enterrer les faux prétextes pour affronter la réalité

Ce qui encombre la plupart des célibataires, ce sont les faux prétextes, lorsqu'ils se disent qu'ils sont seuls pour des raisons extérieures (je fais peur, je n'ai pas de chance, il n'y a plus d'hommes...).

Si un(e) célibataire chronique nous lit, il/elle peut poser la question à ses ami(e)s : « Tu me vois comment ? »

Parfois en attendant la réponse, on peut tomber des nues.

Dans le cas de « celle qui fait peur », il n'est pas besoin de s'allonger sur un divan. Si elle se reconnaît dans ce chapitre, c'est qu'il y a déjà une part d'elle prête à entendre quelque chose.

Il suffit qu'elle se pose cette question : « Mais de quoi, moi, j'ai peur dans l'idée du couple ? », pour que soudain, en elle, quelque chose vacille.

Sa sœur, ou sa meilleure amie, peut l'aider... Elle va tout doucement l'inviter à dire les choses. Même par des biais détournés : « Qu'est-ce que tu imagines toi, d'une relation qui te ferait du bien ? »

Il ne s'agit pas de se révolutionner, le but est d'engager une certaine introspection. Lorsqu'on veut bien se remettre en question, il suffit de bouger juste un peu pour permettre la rencontre.

3

L'hystérique

CE QUE LES GENS QUI LA CONNAISSENT DISENT D'ELLE
Elle est « attachiante », c'est sûr… Mais ne lui dites pas que je vous ai dit ça, hein ?

CE QUE SES COPINES DU LYCÉE DISAIENT D'ELLE À 18 ANS
C'est la chef de la bande ! Si seulement elle nous laissait parler à qui on veut dans la cour…

CE QUE SA MÈRE LUI RÉPÈTE
Nadia, tu devrais te méfier des hommes…

CE QUE SA MEILLEURE AMIE LUI RÉPÈTE
Nadia, tu devrais te méfier de ta mère…

CE QUE SON PATRON PENSE D'ELLE
Elle est pas un tout petit peu fatigante, quand même ?

CE QUE LES HOMMES DISENT D'ELLE
Cette fille est totalement barge !

NADIA SOUS MOJITOS

8 heures : Tartine beurrée dans la main gauche, mug dans la droite, Nadia s'installe devant l'ordinateur. Elle travaille ? Pas encore. Son premier rituel consiste à checker, sur Facebook, les profils de ses 349 amis.

8 h 04 : Tiens, Johanna a posté de nouvelles photos... Nadia manque flanquer son café sur le clavier. La salope ! Non, mais la salope !

8 h 05 : Nadia passe un appel en masqué : elle a remarqué que les gens décrochaient plus souvent quand son nom ne s'affichait pas.

8 h 06 : Johanna ne répond pas. Nadia lui laisse un message d'environ quatre minutes trente : Comment a-t-elle pu lui faire ça ? Aller à une soirée chez Constance en cachette ? Est-ce que Johanna a oublié que cette pouffe avait TROIS invitations pour les ventes privées Zara et qu'elle les a gardées pour ses collègues ? Suit une longue tirade où il est question de trahison, de confiance bafouée et de blessures irrémédiables, avant que Nadia, folle de rage, s'autoraccroche au nez.

8 h 11 : En écoutant le message, Johanna soupire. Bien sûr, elle aurait pu affronter son amie, lui rappeler que Constance s'est excusée quarante-deux fois, que si elle est allée « en cachette » à sa soirée, c'est simplement pour éviter un coup de fil comme celui-ci. Mais Johanna connaît trop Nadia, elle sait que tenter de se défendre ne ferait qu'ajouter du bois dans la chaudière. D'ici deux jours, l'orage sera passé. Des drames comme celui de ce matin, elle en a connu, quoi, une vingtaine

en dix ans ? C'est fatigant, certes, mais Nadia n'est pas qu'un volcan perpétuellement au bord de l'éruption.

9 h 30 : Arrivée à l'agence, Nadia est accueillie par son boss, aux anges : la compète sur les pâtes à pizza est gagnée et c'est bien grâce à elle ! Bonne nouvelle : « Le client, c'est pour toi, ma grande ! Grégoire reprendra le budget Essuie-tout-net et zou ! »

9 h 31 : Le sourire de Nadia se fige : Et zou quoi ? Elle rêve ? Pierre veut vraiment faire une chose pareille ? La déposséder d'un client qu'elle suit depuis huit mois ? Elle a mal bossé, qu'il le dise tout de suite !

9 h 34 : Les quinze salariés évitent de se regarder et plongent le nez vers leurs écrans pour masquer un début de fou rire : bonne chance, patron, pensent-ils, avec « Drama Queen », il en faut...

10 h 14 : Pierre R. rentre dans son bureau, exténué. Ses oreilles ont dû encaisser l'équivalent de 4 000 décibels, mais ça y est, Nadia a daigné accepter la promotion qu'il lui offre. Il se dit que, si professionnellement cette fille n'était pas un avion de chasse, il l'aurait licenciée, non, étouffée avec ses échantillons d'Essuie-tout-net depuis longtemps.

13 h 02 : Nadia part rejoindre sa mère qui, « complètement par hasard » est venue déjeuner dans le quartier. Nadia sait qu'elle va encore entendre du mal de son grand-père – ce sale type –, de son père – ce traître –, de son frère – ce lâcheur – et, d'une façon générale, d'à peu près tout ce qui porte un pénis sur la surface du globe.

13 h 38. Tout s'est passé comme prévu, sans oublier, au dessert, la question qui tue : « T'as rencontré quelqu'un ? » Nadia lève les yeux au ciel, sa mère soupire une première fois : « C'est triste à 35 ans, non ? », et une seconde fois : « C'est pas plus mal, ça t'évite de te traîner un connard qui te trompera tôt ou tard. » Nadia jette sa serviette par terre : « T'as pas honte

de me dire des trucs pareils ? » Sa mère renverse un verre : « Et toi, comment tu oses me parler sur ce ton ? »

13 h 45 : Sur le trottoir, elles reniflent dans les bras l'une de l'autre, mais pas trop longtemps, Nadia a du boulot.

18 h 45 : Après un après-midi calme au bureau (juste une prise de bec avec le directeur artistique et une mini-embrouille avec la comptable) Nadia regagne ses pénates : dans le métro, elle qualifie à haute et intelligible voix de psychopathe un ado qui la regarde fixement.

21 heures : Nadia s'est faite belle pour rencontrer Benoît, le collègue médecin d'un de ses potes, qui a flashé sur elle sur Facebook, paraît-il : petit short, bottes hautes, œil ourlé de noir, elle n'a pas usurpé sa réputation de « bombe à fragmentation » dans la bande. Au Balto, ses amis la voient arriver avec un mélange de plaisir (avec deux mojitos au compteur, Nadia est la fille la plus drôle du département) et d'appréhension (avec trois mojitos au compteur, Nadia est la fille la plus défiltrée du département).

21 h 15 : Benoît tend un verre à Nadia. Il a les yeux verts et des mains de pianiste.

21 h 40 : Nadia entraîne Robert Pointard, 62 ans, le patron du Balto, pour danser le Gangnam Style sur la table. Ses potes se tiennent les côtes. Son premier verre de mojito est vide.

22 h 15 : Tous les potes sont montés sur les tables et dansent sur LMFAO. Benoît rejoint Nadia et l'invite à danser un slow. Elle éclate de rire.

22 h 19 : Nadia s'assied un instant sur la banquette. Benoît la rejoint, tout près. Il sent bon.

22 h 30 : Martin vient de rejoindre la bande en tenant Sophie par la main : c'est donc officiel, ils sont ensemble. Nadia vide son troisième mojito et commence à chanter « Someone like you » plus fort que la chanteuse Adele, les yeux fermés. Benoît la regarde, étonné.

22 h 40 : Nadia se passe latéralement le pouce sur la gorge en fixant Sophie. N'y tenant plus, celle-ci la prend à partie devant tout le monde « Nadia, lâche-moi ! Vous n'êtes sortis ensemble qu'une semaine et c'était en 2010 ! » Elle lui répond qu'elle ne parle pas à la salope qui lui a volé le futur père de ses enfants. Martin intervient timidement : « Mais c'est toi qui m'as largué ! Souviens-toi, après ton anniversaire surprise, tu as trouvé que je dissimulais trop bien pour être honnête... » Nadia sanglote que, quand bien même, tous les hommes sont des salauds.

22 h 41 : Benoît se lève de la banquette.

22 h 43 : Quelqu'un pose un quatrième mojito devant Nadia, qui le descend cul sec.

22 h 44 : Le champ visuel de Nadia, considérablement rétréci, l'empêche de voir Benoît se rapprocher de la porte de sortie.

22 h 45 : Prise de remords, Nadia remonte sur la table pour s'excuser en public : elle a été trop conne mais Sophie et Martin sont ses amis pour la vie, pas vrai ? Elle sanglote à gros bouillons.

22 h 26 : Benoît quitte discrètement le Balto sans avoir pris le 06 de Nadia.

23 h 02 : Le chauffeur de taxi vient d'insulter Nadia parce qu'elle n'avait plus que des pièces jaunes pour régler les 11 euros de la course. La jeune femme rentre chez elle en se disant que les gens sont complètement hystériques.

LES CLÉS DE SON COMPORTEMENT

Son problème

L'hystérique est une femme intelligente, séductrice, qui cherche un amant qui l'aimerait plus que tout. Chez elle, cette quête prend une allure frénétique. Une fois son homme conquis, elle le suit, le harcèle, fait des crises de jalousie et des menaces permanentes (de suicide notamment). Son conjoint, qui ne peut lui prouver qu'il l'aime comme elle l'exige, finit par la quitter.

Ce qu'en disent les psys

Freud a dit : « De toutes les névroses, l'hystérie est la plus répandue. »

Et de fait, si l'hystérie est un peu la base d'un fonctionnement normal, tout est une question de mesure. La femme hystérique est très lucide sur sa névrose mais ne peut s'y soustraire. Toute sa vie amoureuse est faite de cette soif éperdue d'amour, qui va lui donner une existence.

En rivalité avec les autres femmes, en séduction forcenée avec les hommes, déchaînée, passionnée, voire délirante, l'hystérique effraie, et sa névrose interdit toute relation équilibrée.

Être aimée ou se consumer

Lorsqu'une hystérique comprend qu'elle n'existe que par l'amour qu'un homme peut lui porter, elle entre dans une errance permanente, jusqu'à ce qu'elle trouve celui qui lui dira qu'il l'aime. Là, seulement, elle se sent revivre. L'hystérique ne peut être apaisée dans une relation classique. Pour elle, le lien d'amour devient vital. Si ça ne marche pas, si elle ne séduit pas un homme, elle est en proie à une désorganisation intérieure, un risque d'angoisse et de dépression…

L'hystérique éprouve la nécessité absolue d'être aimée à chaque instant par celui avec lequel elle vit. C'est le genre de femme qui demande à un garçon s'il l'aime alors qu'ils viennent de faire l'amour la première fois, et qui emménage chez lui le lendemain, quelle que soit sa réponse.

La femme hystérique est jalouse et possessive, car elle meurt de peur de perdre son homme. Toujours inquiète, elle se ronge, c'est sa grande difficulté.

Toutes les femmes sont ses rivales

À partir du moment où elle aime, elle vit dans la terreur de toutes les rivales possibles.

L'hystérique est toujours en concurrence avec une autre femme, et elle se compare en permanence aux autres. Sa grande victoire, là où elle se vit comme vainqueur, c'est quand elle arrive à prendre un homme à une rivale.

Cette femme qui n'aime pas les autres femmes est inconsciemment prise dans un lien très fort avec elles. Par exemple, si une hystérique est trompée, elle n'aura de cesse que d'être dans une relation avec l'autre femme. Elle va chercher la rencontre, créer le lien, vouloir la voir pour se comparer à elle, se demandant : « En quoi est-elle mieux que moi ? » L'hystérique trompée est capable de s'habiller et se coiffer comme sa rivale, prendre ses mimiques comme si elle voulait se fondre en elle, comme s'il s'agissait d'être l'autre.

Puisqu'elle n'existe qu'à travers l'amour qu'on lui porte, puisqu'elle est toujours dans le jeu de la séduction, le plus difficile pour l'hystérique est d'être soi.

Un problème d'Œdipe

Cette névrose, lorsqu'elle est très développée, relève vraiment de la pathologie œdipienne. Le complexe d'Œdipe (parfois nommé complexe d'Électre chez la fille), c'est cette période normale (située entre 3 et 5 ans) où une petite fille est très amoureuse de son père, et donc rivale de sa mère. Il y a là changement d'objet d'amour, puisque la mère était jusque-là la référence absolue de l'enfant. La petite fille, en renonçant à son père, pourra s'ouvrir plus tard à d'autres hommes, une fois adulte.

Le problème survient quand la petite fille n'arrive pas à sortir de ce triangle.

Concrètement, si la femme hystérique a développé cette névrose, c'est parce qu'on ne lui a pas laissé faire son Œdipe lorsqu'elle était petite.

Soit parce que le père a été trop séducteur vis-à-vis de sa fille, et lui a laissé entendre de manière infraluminaire qu'elle était tellement plus merveilleuse que sa mère. Soit parce que sa mère n'a pas supporté cette rivalité qu'ont toutes les petites filles vis-à-vis de leur maman.

On en arrive à cette relation triangulaire, avec un homme et une femme fantasmatiques (l'amant et l'adversaire) qui viennent prendre la place du père idéalisé et de la mère rivale. Et en même temps, sachant que la mère était très convoitée par sa petite fille sur le plan inconscient, cela explique que la femme hystérique se rapproche des femmes de façon passionnelle.

Son genre d'homme

L'hystérique est forcément une femme qui sait séduire. On sait bien que ce n'est pas lié à la beauté, mais plutôt à cette capacité de faire comprendre à l'autre qu'il est, à nos yeux, la personne la plus merveilleuse du monde. Or, pour un homme, ce n'est pas négligeable !

Elle va rechercher quelqu'un qu'elle admire, qu'elle juge au-dessus d'elle, un homme brillant, reconnu socialement, un notable, une célébrité. Sa brillance sera comme quelque chose qui l'éclaire. Elle sera l'ombre de cet astre solaire, et à cette unique condition elle pourra supporter qu'il soit occupé, même loin d'elle. Et il y a des probabilités pour que cet homme (re)connu soit flatté, au début, d'être son objet d'amour. Par ses scènes permanentes de jalousie, elle va le conforter dans le fait qu'il est merveilleux.

L'hystérique doit rester en lien avec l'autre pour continuer à exister. C'est une fidèle, elle veut se faire épouser (même plusieurs fois), fonder une famille. Toutes les preuves d'amour sont quémandées.

Sexuellement appliquée… mais sans plaisir

Sexuellement, pour son compagnon, c'est le jackpot : la femme hystérique est appliquée, bonne technicienne, elle entreprend tout pour donner du plaisir, c'est une très bonne amante. Mais elle a tendance à simuler, car l'hystérique est souvent frigide. Typiquement, parce qu'elle est tellement obnubilée par le fait de séduire et de plaire, qu'elle a beaucoup de mal à être dans son corps, dans son intériorité, dans son ressenti.

Celles qui ont des orgasmes ne sont pas apaisées pour autant, le plaisir les contente, mais seulement pour un court moment. Très vite leur névrose les submerge de nouveau, et c'est reparti ! Car ce qui les intéresse, ce n'est pas de jouir, mais d'être aimée.

Une femme harcelante qui épuise

Les hommes la quittent, car la femme hystérique est très captatrice. Elle a besoin de son homme tout le temps, va l'appeler au bureau quand il ne répond pas sur son portable, envoyer dix SMS par jour, demander vingt-cinq fois qu'il lui dise qu'il l'aime. L'hystérique est une femme harcelante. Jalouse, elle fouille, suit, espionne. Et les nouvelles technologies permettent aux hystériques d'exprimer toute leur démesure.

Au début de la relation, l'homme est flatté de cette passion, parce qu'elle lui donne l'impression d'être le centre du monde. Puis, au bout d'un moment, ce n'est plus supportable, il finit par fuir.

L'hystérique est quittée si l'autre ne supporte plus d'être cet objet d'amour exclusif...

Avoir un enfant peut l'apaiser

Avoir un enfant peut être une solution pour l'apaiser. Ce regard d'amour pur et inconditionnel peut adoucir la femme hystérique légèrement atteinte.

Mais lorsqu'on est dans l'hystérie grave, c'est plus compliqué.

L'hystérie, c'est la froideur, la glace sous le feu (et non le contraire...). C'est comme un gouffre sans fond qu'il faut toujours alimenter. Dans ce cas, l'amour des enfants n'y suffit pas.

Une psychanalyse peut la changer

L'hystérique se voit répéter les échecs, les séductions... Elle en souffre, mais ne peut agir autrement. Lucide sur son état, l'hystérique sait que c'est sa névrose qui l'empêche de construire sur le long terme.

Cette névrose est inscrite au cœur de sa personnalité. Si elle veut aller dans le fond des choses, elle va devoir entreprendre une thérapie à long terme, qui va durer des années. Ce qui ne devrait pas l'effrayer, au contraire ! Ce sont les hystériques qui ont le plus recours à la psychanalyse.

Et pour cause : Freud a inventé la psychanalyse avec des hystériques. Ce sont ses patientes (qui à l'époque, comme il le rapporte, faisaient des crises inouïes, tombaient en catalepsie) qui lui ont dit : « Premièrement, je ne veux pas vous voir, sinon je vais être dans une relation de séduction avec vous, donc je me mets sur le divan. Deuxièmement, taisez-vous, car vous allez m'influencer, et je vais vouloir entrer dans votre discours pour vous séduire, donc laissez-moi parler. »

En étant sur ce divan, sans voir le thérapeute qui se tait, les hystériques ont inventé la technique psychanalytique. Qui consiste à pouvoir, dans le transfert, revivre ce qu'on a vécu avec son papa, sa maman, son frère..., tous les personnages de son histoire.

Exercice pratique : pour arrêter les crises de jalousie

Lorsqu'une femme est jalouse, elle fait « couple à trois » : elle, son conjoint, et sa rivale imaginaire (dont l'identité change en permanence).

L'ennemie étant irréelle, elle possède toutes les qualités, et est donc inégalable.

La jalouse doit comprendre que suivre son conjoint et vider ses poches, non seulement ne calme pas son angoisse, mais la nourrit. Si n'importe qui fouille dans le téléphone de son conjoint, il va forcément trouver un détail, un « je t'embrasse » qui peut être sujet à interprétation. Il y a toujours des moments ambigus au travail, avec ses ex, dans le bus... et on a tous des échanges, des regards, qui pour un jaloux sont insupportables.
La jalouse pourra toujours découvrir un détail qu'elle va surinterpréter, et qui va confirmer le soupçon qu'elle avait déjà dans la tête (il me trompe, il va me quitter pour elle...).
On lui conseille de noter régulièrement ce qui déclenche ses crises, très précisément (un bonjour échangé avec la caissière, un sourire à la voisine), et comme si elle regardait un film, de se repasser toute la séquence en compagnie d'une présence amie. Un regard objectif va l'accompagner sur le chemin du bon sens et de la confiance.
Les personnes qui font des crises de jalousie sont aussi invitées à repenser la question de leur propre infidélité. Car, au même titre que le menteur ne peut croire personne, les jalouses n'ont souvent pas confiance dans leur capacité à maintenir une relation. Sans vouloir dire qu'elles-mêmes sont infidèles, en tout cas elles projettent ce manque de confiance sur les autres. Et, de fait, l'infidélité est une potentialité permanente !

Tout le monde est un peu hystérique !

La notion d'hystérie est très sexualisée puisque, étymologiquement, le mot vient d'« utérus ». Il a été acquis pendant longtemps que ce trait de « caractère » était typiquement féminin. Historiquement, il faut dire que la société a toujours enjoint aux femmes de séduire pour exister, et pour avoir une reconnaissance sociale.

Mais aujourd'hui, alors que les hommes sont autant que les femmes dans cette nécessité de séduire, les psys voient de plus en plus de messieurs affectés de cette névrose. Désormais, l'hystérie est très bisexuée.

Beaucoup de célébrités qui sont sur le devant de la scène ont un bon potentiel d'hystérie. Hommes ou femmes, les psys disent qu'ils se ressemblent beaucoup dans leur personnalité. C'est parce qu'ils sont hystériques qu'ils se sont orientés vers cette carrière, et c'est aussi cette carrière qui les maintient dans l'hystérie. À partir du moment où on est dans l'obligation de plaire, cette quête devient un travail à plein temps. Le fait d'être exposé, adulé, entretient l'hystérie et l'apaise en même temps. C'est pourquoi la plupart des célébrités ont du mal à repasser à l'anonymat. L'indifférence leur est insupportable.

4

La nunuche

CE QUE LES HOMMES QU'ELLE RENCONTRE DISENT D'ELLE
Elle est bonne mais elle est conne, non?

CE QUE SES COPINES DU LYCÉE DISAIENT D'ELLE À 18 ANS
Tu le crois, que Solène est encore amoureuse de Cri-Cri d'amour? Nous, *Hélène et les garçons*, y a deux ans qu'on a arrêté...

CE QUE MIKAEL, SON COLORISTE-CONSEIL, DIT D'ELLE
C'est mon âme sœur. Dommage que ce soit une fille, parce qu'on ferait un beau couple.

CE QUE SA MÈRE LUI RÉPÈTE
Toutes ces peluches sur ton lit, c'est pas en train de devenir un nid à poussière?

CE QUE SA MEILLEURE AMIE LUI RÉPÈTE
Tous ces mecs sur ton agenda, c'est pas en train de devenir un nid à chagrin?

CE QU'UNE RIVALE A DIT D'ELLE UN JOUR EN PUBLIC
Celui qui l'épousera, il faudra qu'il soit alpiniste. Dans le sens où faut pas avoir peur du vide.

CE QUE SON EX DIT D'ELLE
Le jour où j'ai découvert qu'elle m'avait envoyé un SMS pour me dire que j'avais oublié mon portable chez elle, j'ai compris que je ne pourrai jamais présenter cette fille à mes parents. Pas à ma mère en tout cas.

SOLÈNE ATTEND SON SOLEIL

8 h 31 : Solène sort de son lit. Elle a envie de faire pipi mais, depuis qu'elle a lu que son idole, Paris Hilton (elle est sûre qu'elle reviendra en haut de l'affiche tôt ou tard, avec son potentiel artistique de dingue) commençait toujours la journée en saluant le soleil, elle fait pareil. Dans sa région, il pleut tout le temps, mais elle a trouvé la parade : une photo de James Blunt sur fond d'aurore qu'elle a patafixée à sa fenêtre.

8 h 36 : Solène finit ses étirements en se tortillant pas mal pour soulager sa vessie quand même. Après un passage à la salle de bains, entièrement nue, elle grimpe sur sa balance, en croisant les doigts pour que son orgie de litchis de la veille (cinq d'affilée !) n'ait pas fait trop de dégâts.

8 h 35 : 55,3 kilos ? Le jour de la Saint-Valentin en plus ? Solène en chialerait. Elle a bien fait de poser une RTT, comme chaque année : Matthieu n'a pas annoncé le programme de ce soir, sans doute veut-il lui faire la surprise, mais elle n'aura pas trop de la journée pour essayer de masquer les dégâts. Après le déjeuner, elle passera se trouver une jupe cache-cuisses quelque part. Mais courte en même temps, évidemment. C'est pas gagné.

9 heures : « Toudoudou », un SMS arrive. Matthieu ? Non, c'est son alerte-horoscope, comme chaque matin : « Vierge, de bons moments en perspective. » Solène est soulagée au-delà des mots. Par acquit de conscience, elle checke son ascendant sur son smartphone : « Taureau, de l'audace, de l'audace ! » La jeune femme reste interdite. Comment interpréter ça ? Ça veut dire qu'elle DOIT ou qu'elle VA se montrer audacieuse ? Il faut recouper avec d'autres sources, et vite ! Son masque à l'argile sur le visage, elle fonce devant l'ordinateur.

9 h 15 : C'est dingue quand même, tous les sites d'horoscopes parlent d'amour aujourd'hui ! À croire que les astres, eux aussi, savent que c'est la Saint-Valentin ! Sur horoscopo.net, le second préféré de Solène, ça dit que les Poissons, le signe de Matthieu, ont besoin d'affection. Solène nettoie les traces d'argile sur son clavier (elle s'est gratté les joues, angoissée, en attendant que la page des Poissons s'affiche) et se dit que c'est un signe ! (Solène croit beaucoup aux signes.) Elle devrait envoyer un SMS à Mat. En même temps, c'est lui qui doit faire le premier pas : le 14 février, c'est aux hommes de se montrer romantiques, bon sang ! Solène décide d'attendre jusqu'à la mi-journée.

10 heures : Solène pense que la mi-journée, ce doit être maintenant. Elle envoie un SMS à son amoureux : « anvi de love-love se soir ? »

10 h 30 : SMS entrant de Matthieu : « c ki ? » Ohnnonnn ! Le sang de Solène tombe dans ses pieds.

10 h 31 : « ;)))) », nouveau SMS et soulagement. Il lui a fait une blague ! Solène se dit qu'elle est bête, en même temps. Son nom s'était forcément affiché sur l'écran, elle a entré son numéro elle-même dans le téléphone de Mat, à « Amour ». Ça fait dix jours qu'elle ne l'a pas vu, mais il a tellement de boulot, en ce moment ! Le pauvre, prof de sport en collège-lycée, c'est des horaires de dingue !

10 h 32 : Pas sotte, Solène écrit « j'ai mem pa marché ! On fé koi ce soir ? » puis attend la réponse en démarrant une série de vingt abdos-fessiers, Céline Dion à fond sur sa sono.

12 heures : Trente et une séries plus tard, Mat répond : « Je peu pas te dire maintenan, 0 visibilité dans mon emploi du tem, te di ds l'aprèm. »

12 h 01 : Solène sourit finement : c'est sûr, il a prévu une mégasurprise. Allons, il est temps de se préparer pour déjeuner avec Babette.

13 h 05 : Solène, toute de rose vêtue (c'est le jour des amoureux, oui ou non ?) rejoint Babette chez elle. À sept mois de grossesse, sa meilleure amie est monstrueuse mais pas question de lui faire de la peine. Solène passera tout le déjeuner à regarder ses ongles pour éviter de voir ses énormes seins, probablement pleins de lait en plus. Berk.

13 h 15 : Ça y est, Babette est relou ! Elle lui parle de Mat, lui dit de se méfier de ce mec : à peine dans sa vie depuis quatre mois et déjà pire qu'un courant d'air. Par délicatesse, Solène se retient de hurler : « Et toi, t'as vu dans quel état il t'a mise, ton Olivier ? T'es une otarie, ma pauvre. »

13 h 45 : Babette fait promettre à Solène que si Matthieu n'assure pas ce soir, comme il n'a déjà pas assuré à Noël, ni au nouvel an, ni quand Chimène est... partie, elle le quittera. Solène essuie une larme en repensant à sa chatte adorée et promet tout ce qu'elle veut : Mat est débordé mais il a la classe, elle aura une Saint-Valentin de conte de fées, c'est sûr.

13 h 46 : Babette lui rappelle que Bernard, JJ, Patrick, Momo, Luigi et Joeffrey avaient la classe, eux aussi.

14 heures : Solène comprend que Babette est jalouse d'elle. Ça la bouleverse tellement qu'elle préfère écourter le déjeuner. Mais elle n'en veut pas à sa meilleure amie : un problème d'hormones, ça lui passera.

16 h 30 : Ça valait le coup de rester deux heures sous les papillotes : Mikael a totalement réussi le blond biche dont Solène rêvait. Il y a même les petites taches plus claires sur les longueurs. En plus, pas un instant, il n'a douté que Matthieu allait organiser une Saint-Valentin de folie. Un peu comme celles que Seal organisait pour Heidi Klum, tiens !

16 h 31 : Solène et Mikael repensent à la rupture de Seal et de Heidi. À l'époque, déjà, ça leur avait coupé l'appétit pendant deux jours. Allons, il est temps de trouver une nouvelle jupe pour ce soir.

17h55 : Rien, toujours rien. C'est trop court chez Promod, trop long chez Zara, trop petit chez Mango, trop large chez C&A. La lose.

18h05 : Solène attaque la rue de la République, sa dernière chance.

18h36 : C'est la dernière boutique de la rue. Solène entre chez Simone Couture avec l'envie de se pendre. Simone Couture ! L'adresse de sa grand-mère !

18h42 : Solène sort de chez Simone Couture avec LA jupe. Sa grand-mère lui a envoyé un signe, c'est clair. Elle imagine déjà la main de Matthieu retroussant la dentelle et froissant les paillettes.

18h48 : SMS de Mat : « coincé au boulo, passeré ché toi plu tar si je peu. » Solène fronce les sourcils. Il la prend pour une conne ou quoi ?

18h52 : Texto comminatoire de Solène à Matt : « ché moi c pas l'otel. Adieu. »

18h54 : Réponse de l'intéressé : « le pren pa mal bébé, tu sé ke je te kiffe, c les collègues kon besoin de moi ! Je pass dé ke je peu. » Solène serre le téléphone contre son cœur en souriant. Son alerte-horoscope avait raison.

20 heures : Solène a préparé une bouteille de champagne et posé sur sa table basse du saumon fumé, des blinis, des fromages de chèvre et des gâteaux à la rose. Tous sont en forme de cœur. Elle allume les bougies parfumées.

23h45 : On sonne chez Solène. Elle se redresse comme un Playmobil, cache la bouteille de champagne vide sous le canapé et vérifie qu'elle n'a pas de trace de coussin sur la joue. Puis elle va ouvrir au Prince charmant.

LES CLÉS DE SON COMPORTEMENT

Son problème

La nunuche est une fifille qui rêve de son Prince charmant 24 heures sur 24. Elle cultive d'ailleurs son attitude de princesse délicate dans son univers tendre et romantique. Comme dans les contes, elle est persuadée qu'un seul homme saura lui faire connaître le bonheur qu'elle mérite. Alors elle l'espère et l'attend. Malheureusement on la prend pour une cruche, et les hommes passent dans sa vie sans la moindre intention de l'épouser.

Ce que les psys en disent

La nunuche a une vision clivée de l'amour, elle en aime une image idéalisée. Elle a choisi inconsciemment l'option d'être nunuche parce qu'elle a une peur terrible de la réalité amoureuse qu'elle pressent. Il y a chez elle un mouvement volontaire d'évitement de ce que la vie peut avoir de frustrant.

Une femme très infantile

La nunuche s'est fabriqué une représentation romancée des histoires d'amour. La décoration de sa maison (avec ses petites fleu-fleurs, ses coussins en forme de cœur, ses angelots accrochés aux portes), ses goûts littéraires et musicaux, ses rêveries et ses centres d'intérêt (broderie, peinture sur soie, son chihuahua...), tout en elle et chez elle nourrit cette romance.

Cette femme jolie-polie-gentille ne veut contempler que ce qui est agréable. Tout ce qui est injuste et cruel l'effraie, et elle préfère l'ignorer (les mauvaises nouvelles, les disputes...). Alors elle évolue tranquillement dans son monde de Bisounours sans se préoccuper des malheurs d'autrui (à l'exception des animaux, qu'elle adore), ni de l'opinion des gens « méchants ».

En amour, les commencements la comblent. Quand elle rencontre un homme qui lui plaît, elle perd tous ses moyens, car la rencontre-coup de foudre est la période la plus conforme au mythe qu'elle s'est construit quand elle voulait être la « princesse de son papa ».

Le déni pour ne pas souffrir

Peut-être que ses parents ont divorcé, ou qu'elle a beaucoup vu sa mère pleurer, quelqu'un lui a sans doute dit : « Méfie-toi des hommes, ils sont cruels »... En tout cas la nunuche a pressenti dans son enfance que l'amour pouvait être douloureux, elle a eu peur et s'est réfugiée derrière une barrière imaginaire. Si elle est restée immature, c'est pour se protéger contre la réalité de la vie.

Cette nunuche joue la carte de la fille fofolle, superficielle, pour refuser de rencontrer la douleur qu'elle a perçue enfant.

Sa bêtise est un symptôme

Elle se préoccupe beaucoup de son apparence (un ongle cassé suffit à lui mettre les larmes aux yeux), dévore la presse people (elle s'identifie à Marilyn Monroe et éprouve une compassion suspecte pour Loana), mais l'actualité ne l'intéresse pas (« la Syrie, pffft, qu'est-ce qu'on peut y faire ? »).

En collant à cette image de jeunesse naïve, la nunuche fait fausse route. Elle joue la crédule parce qu'elle pense que c'est attirant pour un homme. La nunuche est sotte et elle paraît sans fond. Mais sa bêtise n'est qu'un symptôme de son désarroi.

Sa superficialité témoigne de son refus de mûrir. Elle n'approfondit pas ce qui est intéressant en elle, et semble creuse parce qu'elle n'a pas confiance en elle. La nunuche n'ose pas développer ce qui est vrai, de peur de raviver ses blessures et sa fragilité. Le problème d'une fille superficielle, c'est qu'elle n'a pas conscience de l'être et ne va donc pas faire de travail thérapeutique avant qu'une épreuve ne l'y oblige.

Notre société encourage l'illusion de la magie de l'amour

Le Dieu marketing est malin, fin stratège et bon psychologue. Depuis trente ans que la crise plombe le moral, il a mis tout en œuvre pour créer du rêve et repérer ce qui fait vendre. Et ce qui se vend le mieux, c'est l'amour, les petits oiseaux qui chantent, le bonheur... Impossible d'échapper à la représentation du mythe de l'amour-toujours et du chevalier romantique. Le gros cœur rouge de la Saint-Valentin, la bague cachée dans le gâteau crémeux avec le garçon qui met le genou à terre, notre monde s'est « Disneylandisé » ! Ce phénomène, très américain au départ, a peu à peu gagné le monde entier. Les mamans aussi encouragent leurs filles dès le plus jeune âge à consommer nunuche : porter du rose et des jupes qui tournent, faire des bisous aux garçonnets du parc, écrire des lettres avec des paillettes et du « sent-bon » dessus... Ajoutons les dessins animés, les contes, les histoires de princesses, les comédies romantiques avec *happy end* obligatoire, et on comprend aisément comment certaines jeunes femmes fragiles préfèrent ce monde merveilleux à la réalité de la vie.

Un non-désir d'enfant

Qu'elle en soit consciente ou non, la nunuche ne désire pas être mère. Quand cette femme est amoureuse, elle vit de froufrous, de voyages, de cadeaux, et se positionne bien loin du désir de grossesse (qui déforme le corps), et du projet d'enfant (qui accapare l'attention). Elle est surtout amoureuse de sa propre personne et, même si elle donne la vie, elle ne *deviendra* pas mère (au sens protectrice, aimante, rassurante).

On vieillit bien quand on sait habiter son âge, et le temps est cruel pour celles qui ne veulent pas mûrir. La nunuche immature vieillit sans mûrir, et en s'agrippant à sa position d'enfant, elle devient une vieille petite fille.

Elle ignore qu'on se moque d'elle

La plupart des femmes trouvent ridicules les artifices et les petites manières de la nunuche. Mais elle interprète leurs railleries comme étant de la jalousie féminine, sans se remettre en question. Il faut dire que ces nunuches sont très nombreuses, et avec tout ce marketing (mode, beauté, presse, pub, télévision) qui leur dit qu'elles sont dans le juste, elles sont caressées dans le sens du poil ! Alors la nunuche se dit : « J'ai raison d'y croire. » Même si elle n'est pas si sotte que ça, cette fille-là, avec son apparence de midinette et son attitude girly, attire les hommes qui cherchent une aventure, ceux qui se moquent d'elle au sens propre comme au figuré.

La répétition de l'échec amoureux

Sa protection est un masque en papier. Elle se force à croire que la vie est belle, que non seulement le prince viendra, mais qu'il lui fera du bien. Mais les beaux parleurs ne sont pas toujours des gens fiables, et la nunuche naïve attire les hommes qui ont envie de s'amuser. Parce que ces filles-là mettent en avant leur aspect femme-objet, elles poussent les hommes à les collectionner.

La nunuche peut apporter quelque chose à un homme quelque temps, mais avec elle il sent bien qu'il ne peut pas se projeter dans l'avenir, et ne la voit pas en mère de famille. Alors il la quitte.

Exercice pratique : le profil de la « femme qu'on épouse »

Les hommes qui ne veulent pas construire restent au stade des commencements, dans le papillonnage (voir chapitre 11, « Le flippé de l'engagement »). Comme les filles qui attachent beaucoup d'importance à leur aspect extérieur sont décoratives, il n'est pas désagréable pour un garçon de s'afficher avec une fille superficielle, puis après avec une autre, et encore une autre…

Tant qu'il ne veut pas fonder un couple ni rencontrer la mère de ses futurs enfants, ça ne dérange pas un homme que ses copains désirent ses conquêtes, au contraire ! Il ne faut pas mésestimer la relation libidinale des mâles entre eux, qui est aussi de l'ordre du désir (qu'ils soient hétérosexuels ou non). Ils sont dans une relation de compétition même lorsqu'ils sont amis. Enfants, ils comparent leurs zizis, adolescents, ils concourent à celui qui fera pipi le plus loin ; une fois adultes, celui qui a une super nana remporte la coupe.

Mais arrive un jour où les hommes autant que les femmes ont besoin de construire. Une jolie fille un peu sotte est montrée volontiers aux copains, mais n'est pas présentée aux parents (le véritable test). Faire sa vie avec une femme est pour un homme une aventure sérieuse. Pour s'ancrer officiellement et durablement, un garçon va rechercher une personnalité qui va le booster, le stimuler, une femme intelligente voire un petit peu dangereuse, en tout cas quelqu'un qui va lui apporter quelque chose, ou quelqu'un à qui il pense apporter quelque chose.

Il est recommandé de définir le profil de la femme à laquelle on aspire avant de se mettre en ménage « parce qu'on est avec elle depuis deux ans »... Quelles sont les qualités réellement exigées, les défauts rédhibitoires, les valeurs auxquelles on tient plus que tout ? Que doit-elle avoir de plus que les précédentes ? Que veut-on apporter à une femme ? Se questionner honnêtement (à jeun) permet d'éviter la banqueroute rapide. Un couple sur deux divorce dans les grandes villes, mais les enfants restent longtemps sous l'influence de leurs deux parents. Autant se poser les vraies questions avant de sauter le pas, et éviter de penser un jour que notre fils « est aussi réac que son père », ou que notre fille « est aussi con que sa mère »...

Pour changer, regarder enfin ce qu'on ne voulait pas voir

Larguée, déçue et blessée, la fille romantique se console, pour ne pas se confronter (une fois de plus) à la réalité, en se disant que « c'est lui qui n'était pas le bon ». Avant de retomber dans le piège d'un second beau parleur, puis d'un troisième... La nunuche est totalement dans la répétition amoureuse, parce qu'il y a quelque chose en elle qui refuse les leçons de l'expérience. Elle ne veut pas mûrir, à chaque rupture elle souffre plus... et un jour elle s'effondre.

Tentative de suicide, dépression, c'est pourtant quand elle craque qu'elle peut puiser en elle la volonté de changer. Une amie bienveillante peut lui faire prendre conscience qu'elle a besoin d'aide. Les nunuches sont de bonnes copines, toujours serviables, aimables, joyeuses, gentilles. Elles attirent les femmes fortes et profondes, car mêmes si elles les agacent, elles les attachent aussi par leur bonté et leur tendresse.

Il faudrait qu'à l'occasion d'une de ses souffrances la nunuche accepte de se remettre en question et qu'elle se dise : « Ce ne sont pas les autres, c'est moi qui suis à l'origine de ces répétitions, et il y a en moi quelqu'un qui souffre. »

On ne peut pas changer en surface si on ne change pas en profondeur. Mais si la nunuche rencontre ce qui lui a fait mal dans son enfance, et qui lui fait peur dans l'amour véritable, elle peut changer. C'est un travail laborieux et douloureux, parce qu'il s'agit enfin de regarder ce qu'elle n'a jamais voulu voir. Sa confiance en elle peut grandir suffisamment pour qu'elle mette de côté la femme-objet qu'elle a construite et développe le sujet qui est en elle. Oui, on peut devenir moins sotte, moins superficielle, moins nunuche. Si on le décide.

5

La grande brûlée de l'amour

CE QUE LES GENS QUI LA CONNAISSENT DISENT D'ELLE
Léa est une fille super, mais totalement en boucle autour de son ex, c'est soûlant.

CE QUE SON EX DIT D'ELLE
Parfois, je me demande pourquoi Léa a fait trois enfants à un type aussi pervers, paresseux, débauché, sale et méchant que moi…

CE QUE SA MÈRE DIT D'ELLE
J'irais volontiers assassiner mon futur-ex-gendre si ça permettait à ma fille de se sentir mieux… Mais je crois que, si François mourait, ça lui manquerait de ne plus pouvoir le haïr.

CE QUE SES ENFANTS DISENT D'ELLE
Le plus compliqué, c'est de se sentir obligés de raconter à maman qu'on se fait chier le week-end avec papa.

CE QUE SA COPINE QUI ESSAYE DE LUI PRÉSENTER DES HOMMES DIT D'ELLE
Léa me fatigue. La dernière fois, elle s'est fait draguer par un type charmant. Mais quand il lui a dit qu'il s'appelait François, comme son ex, elle a fondu en larmes devant tout le monde.

CE QUE SES COLLÈGUES DISENT D'ELLE
Le problème depuis sa séparation, c'est qu'on n'ose plus dire que notre mec nous a offert des fleurs. Et encore moins qu'il est rentré tard la veille. Ça fait comme un interrupteur, ça met Léa en marche pour deux heures à répéter la même chose.

LÉA FÊTE LES PÈRES

8 heures : En ouvrant les yeux, la première chose que voit Léa, sur la cheminée en face du lit, c'est une série de photos de famille encadrées : sur toutes, un homme a la tête coupée aux ciseaux. Au début, il y a deux ans et demi, Léa pleurait en les regardant. Désormais, son rituel du matin consiste à faire un doigt d'honneur à l'urne contenant les visages de son futur ex-mari, parce que oui, quand même, elle a tout gardé.

8 h 30 : Lorsqu'elle est seule le week-end, comme aujourd'hui, Léa allume la télé pour égayer l'appartement devenu trop grand, trop calme. Sur la Deux, le présentateur rappelle que c'est la fête des pères. Comme si elle ne le savait pas ! Quand Léa a découvert le cadeau (un presse-papier en forme de cœur) que Lucie a fabriqué à l'école, puis planqué dans son cartable, elle s'est mise en colère. Pourquoi le lui cacher ? Léa est parfaitement capable d'assumer ça, un salopard est un salopard, mais un père, c'est sacré. Elle s'est juste contentée de rappeler aux enfants que leur papa avait bien de la chance d'être gâté comme ça : ne lui a-t-il pas toujours offert une pochette « Française des Jeux » à 20 euros pour sa fête des mères à elle ? Léa zappe sur la Une.

10 heures : Léa suit avec émotion une émission dans laquelle des bénévoles aident une famille à la rue. Celle d'aujourd'hui comprend un enfant handicapé, une ado enceinte, une maman obèse et un père au visage mauve de couperose. Il vient de perdre une jambe sous son tracteur, il ne pourra plus jamais travailler, explique-t-il en serrant la main de sa femme. Tout le monde pleure, Léa la première : « Ils ont tellement de bol d'être ensemble », sanglote-t-elle.

11 heures : Léa passe chercher un gâteau chez le boulanger. Devant elle, une cliente commande un « divorcé » caramel-chocolat. Léa sursaute. Le divorce, ça ne fait même pas trois ans, c'est beaucoup trop tôt et puis ça ferait trop plaisir au connard et à sa pouffe. Tandis que la boulangère lui rend sa monnaie, son mari, juste derrière elle, fait un clin d'œil à Léa. Elle est sûre que ce pervers la trompe. Peut-être devrait-elle la prévenir, entre femmes, il faut se serrer les coudes.

12 h 30 : Léa retrouve sa sœur Natacha chez leurs parents. Pour elle, c'est bouleversant de les voir toujours côte à côte, après toutes ces années. Sa mère l'accueille en lui demandant si « elle a pris un cadeau pour l'autre, là », en désignant son père du menton, elle a les larmes aux yeux, ressentant tout ce qu'il y a d'affection derrière l'expression. Lorsque Natacha lui dit : « Léa, Réveille-toi ! Les parents se haïssent et ça fait cinquante-trois ans que ça dure », sa sœur secoue la tête, le regard embué. C'est pas parce que leur père appelle leur mère « la blatte » qu'ils ne s'adorent pas…

14 heures : Personne de la famille n'a encore demandé à Léa comment elle allait. C'est bizarre d'ailleurs, six mois après le départ de François, dans son entourage, tout le monde a arrêté de lui poser des questions sur son moral. Dans la cuisine, Natacha, sourire gourmand, l'interroge : « T'as rappelé Denis ? » Denis, le pote célibataire de sa sœur, comme si elle avait la tête à ça : « Écoute, Nat, j'ai pas une minute, François me fout la pression pour divorcer, je suis sûre qu'il veut faire un gosse à sa grognasse. » Natacha sort de la cuisine en courant, leur mère attend les assiettes à dessert.

16 heures : Léa quitte l'appartement de ses parents, son iPod vissé sur les oreilles : « Je veux prendre ta douleur », chante Camille… Si seulement elle en avait le pouvoir ! Elle a trois heures et demie à tuer avant d'aller chercher les enfants chez leur père… Elle décide d'aller au cinéma voir la comédie de l'année, hilarante paraît-il : ça lui remontera le moral,

l'idée de Lucie et Ilan passant l'après-midi chez le connard et sa pouffe la révulse. Une fois au multiplexe, l'affiche d'un film lituanien en noir et blanc, *Chagrins de femmes*, attire son regard. Ça a l'air très beau, elle change de file.

18 heures : Léa sort, en larmes, du cinéma. Ce qu'elle vient de voir, c'est son histoire ; bien sûr, *stricto sensu*, elle n'a pas été violée-battue-humiliée par tout un village parce qu'elle avait regardé un soldat étranger dans les yeux, mais moralement, ce que le père de ses enfants lui a fait subir, c'est exactement la même chose ! Tant d'années sous le joug d'un pervers ! Elle s'est sentie en osmose totale avec les héroïnes...

18 h 02 : Léa rallume son portable : Son fils a laissé un message : « Mamou, Papa propose de nous raccompagner à la maison à 20 heures, comme ça, t'auras pas à sortir la voiture ? » La jeune femme suspecte un piège de la part de son ex. Elle texte à toute vitesse à François : « T'avise pas de m'embrouiller, on fait comme on a dit, je serai en bas de ton immeuble à 19 h 45. » Elle ne peut s'empêcher de repenser au film. Il y a bien quelque chose d'universel dans le destin des femmes : subir la trahison et la violence des hommes, c'est notre lot commun, se dit-elle alors qu'un texto entrant fait vibrer sa poche.

18 h 15 : « Ta sœur me dit que tu as ton après-midi libre... Un petit verre avant le retour de tes monstres ? Les miens rentrent de chez leur mère à 20 heures ;) », lui demande Denis.

18 h 20 : Un court instant, Léa hésite. Denis a un beau sourire, un bon job, des enfants de 8 et 11 ans, un appart à deux rues de chez elle, une ex-femme épouvantable... Ils ont plein de points communs, c'est sûr.

18 h 21 : Elle envoie un texto à Denis : « Adorable mais je n'ai pas confiance, si je ne suis pas à 19 h 45 tapantes en bas de chez le père, il risque de faire Dieu sait quoi (séquestration ? confiscation de passeports ? fuite à l'étranger ?). » François est de Périgueux, sa nouvelle compagne de Reims, et alors ? À âme diabolique rien d'impossible.

19h35 : Avec dix minutes d'avance, Léa se gare en bas de chez son ex. Un long moment, elle observe, derrière les fenêtres éclairées, les silhouettes du père de ses enfants et de sa pouffe qui se déplacent dans l'appartement, tranquilles, comme si c'était légal... Elle a un haut-le-cœur. Tandis que Lucie et Ilan trottinent vers sa voiture, elle essaye, pour se venger, d'imaginer la tête de Denis sur l'oreiller juste à côté d'elle. Impossible. C'est triste à dire... mais c'est toujours la place du connard.

LES CLÉS DE SON COMPORTEMENT

Son problème

La grande brûlée de l'amour (GBA) est une femme dont la vie semble s'être arrêtée en même temps que « SA grande histoire » d'amour. Elle ne se remet pas de sa rupture, rumine les circonstances du drame avec son « ex », dont elle abreuve toutes les oreilles compatissantes. Elle fatigue tout le monde avec ses plaintes, y compris les hommes qui auraient pu être attirés par elle.

Ce qu'en disent les psys

L'identité de cette femme trahie ou quittée s'est écroulée en même temps que son couple. Tout chez elle est de l'ordre de l'obsession, comme si elle tournait en rond autour du même point : sa souffrance.
Son statut de victime est une posture dans laquelle elle se fige, car elle y trouve bien des avantages.

Elle ressasse toujours la même histoire

La GBA rabâche et interprète toujours son histoire, qu'elle raconte avec moult détails à qui veut l'entendre (la boulangère, les voisins, la maîtresse des enfants...). Au fur et à mesure, elle a étoffé sa narration de précisions qui donnent du corps à sa douleur.

Quand il l'écoute, son interlocuteur ne peut que la plaindre : « Mon Dieu, la pauvre, ce qu'elle a souffert ! » Bingo ! La GBA est comme en transe quand on l'écoute, elle veut à tout prix que l'on comprenne l'étendue de son calvaire « bien pire que ce qu'on peut imaginer »... Son ex est un sale type, une pourriture pas noble, chacun doit s'indigner, c'est le signal qu'elle attend pour... fondre en larmes.

Une position de victime qui l'arrange

À l'écouter, la brûlée n'a eu que des histoires de salauds et elle jouit d'un privilège certain à se sentir victime : non seulement elle se fait consoler, mais son ex étant un monstre, elle se dédouane de toute remise en question.

Dans chaque histoire de couple séparé, pourtant, la personne qui souffre a été actrice de son histoire. Personne ne vit volontairement vingt ans avec un homme qui ne nous fait « que » du mal. Un mari ouvertement infidèle, insultant, joueur et menteur ne fait pas partie de nos profils, pour la bonne raison que cette caricature de roi des ordures n'existe pas.

Dans une rupture, la position victimaire est donc très discutable (excepté pour celles et ceux qui ont été la proie d'un/e pervers/e, une pathologie en réalité assez rare). Il y en a peut-être un qui a été plus salaud que l'autre, mais les deux ont forcément participé à ce que leur histoire soit possible.

L'entourage de la GBA, lassé, peut tenter de lui faire prendre conscience de son attitude (il est pénible à la longue, d'être placé à table à côté d'elle ; on n'ose plus lui demander comment elle va...). Mais elle n'accepte pas la remise en cause de son état de victime, et prend ses distances avec ceux qui ne « peuvent pas comprendre ».

Rien ne lui permet d'esquiver l'alimentation de sa lamentation.

Une femme qui ne se définissait que par son couple

La Grande Brûlée de l'Amour a longtemps surinvesti son couple. Mariage grandiose, vacances entre amis dans la maison familiale, compte Facebook alimenté quotidiennement de photos de famille heureuse, elle a sur-montré la réussite de son ménage. Son image se confondait avec celle du duo qu'elle formait avec son conjoint. Son grand drame, c'est que pendant des années, elle se gaussait d'avoir « au moins réussi son couple ! » Maintenant que son mari l'a quittée pour une plus jeune, a annoncé à leurs trois filles qu'il partait avec son prof de sport ou vient de reconnaître son enfant illégitime, « de quoi a-t-elle l'air » ?

Pour celle qui ne se définissait qu'à travers son mariage, la rupture est un cataclysme. Elle a tout perdu, y compris ce qui l'abritait de la vie. Elle qui comptait sur cette structure-là pour tenir, voilà que le sens de son existence est remis en question. Sa réussite, sa réalisation, son identité (tout est confondu), si tout ça n'est plus, alors elle pense qu'elle ne vaut plus rien.

Mettre le couple à sa juste place

Dans notre société où les structures économiques, culturelles et religieuses sont en constante évolution, il est tentant mais dangereux d'ériger le couple comme un rempart contre... tout.

Lorsque le couple est un moyen de se poser pour devenir encore plus conquérant et plus courageux, alors il nourrit et renforce. Quand on est bien chez soi, on peut se permettre de l'être ailleurs et de prendre des risques. Mais quand le couple sert de repli et représente uniquement une protection, ou sert à réparer un déséquilibre, on lui fait prendre une place beaucoup trop importante.

Le « Grand Amour » ne guérit pas toutes nos blessures. Si notre mère nous a mal aimé, si notre père nous a abandonné, bref, si nos parents nous ont fait du mal, ce n'est pas une rencontre, si belle soit-elle, qui va nous soulager. Tout comme ce n'est pas l'amour d'un homme qui va nous guérir de la souffrance qu'un autre nous a fait subir.

Que représente le couple à nos yeux? Pourquoi le cherchons-nous à tout prix? Faire le point sur le manque qui nous habite et qu'on voudrait combler est le meilleur moyen de remettre son envie de vivre à deux à sa juste place.

En difficulté pour re-séduire

Consciemment, la GBA cherche à refaire sa vie, elle veut aimer absolument.

Mais elle a du mal à séduire un homme, car, dès qu'elle en rencontre un, elle ne peut s'empêcher de lui réciter son ou ses échecs comme une litanie.

Sans le vouloir, elle lui envoie un message subliminal : « Je ne suis pas disponible, je suis figée dans mon passé, laisse-moi digérer en paix. »

L'homme saisit qu'il n'y a pas d'espace dans la tête de cette femme pour un autre amour et en général passe son chemin, effrayé. C'est d'autant plus désespérant pour elle que passé un certain âge, les prétendants ne sont pas légion…

On ne se retrouve pas sur le marché du célibat à 20 ans comme à 60. Quand on a été marié pendant des années, voire des décennies, on se retrouve démuni au moment de séduire à nouveau. La GBA ne va pas aller en boîte de nuit, le Sida a changé la donne et Internet lui fait peur.

Elle prend conscience qu'il y a peut-être un fossé infranchissable, et a tendance à se sentir hors du coup, ce qui n'arrange pas la lecture de sa vie : « Qu'est-ce que j'ai fait pour mériter ça ? »

Revancharde avec le prochain

Si elle a la chance de recommencer une histoire, la Grande Brûlée de l'Amour est une fille qui n'a de cesse de faire payer à un homme ce que le précédent lui a fait. Méfiance, paranoïa, jalousie, elle interprète chaque mot, chaque geste comme étant la continuité de ce qui l'a fait souffrir. Elle ne peut s'empêcher de comparer son jules à son ex…

Si le nouvel amoureux arrive en retard, elle le soupçonne de la tromper. Sur le mode « attention je ne vais plus me faire avoir », elle dit non à toute possibilité de construire sereinement.

Exercice pratique : aider celui qui souffre à faire la paix

Éprouver du ressentiment pour son ex-conjoint est une réaction classique sitôt après une séparation. Mais, quelle que soit la raison officielle de la rupture (y compris l'infidélité, les jeux d'argent, ou autre névrose évoquée dans cet ouvrage), logiquement, avec le temps du deuil de la relation, la rancœur s'apaise.

Tant qu'on reste figé dans sa propre rumination, c'est qu'on n'en a pas fini avec l'autre. Haïr son ex, c'est l'aimer encore. Certaines personnes n'ayant pas réussi à créer de véritable lien durant leur mariage (ils ne se parlaient pas, ils ne partageaient rien), veulent conserver au moins celui de la haine après leur séparation.

Être en conflit, c'est quand même être lié, et c'est pour certains préférable au néant. C'est pourquoi un divorce peut durer des années, et qu'il y a parfois tant d'acharnement de la part de celle/celui qui se sent victime.

La réparation (financière et psychologique) est souvent la clé du conflit, la victime exige d'être reconnue en tant que telle, elle veut « faire payer ».

Le principal, pour soi et pour ses enfants, est de vivre en paix avec son passé. Celui des deux qui semble le plus heureux (qui a refait sa vie, s'est reconstruit) doit en prendre conscience. Et aider son ex-conjoint (la supposée victime) malgré ses coups bas, son harcèlement. Pas facile ! Si ce n'est par empathie, au moins par stratégie, l'ex « heureux » pourrait présenter ses excuses (même s'il n'a rien à se reprocher), lâcher symboliquement devant une exigence de l'autre (un bijou familial par exemple, un peu d'argent supplémentaire), et reconnaître son ex dans sa souffrance, afin de passer le cap du ressentiment.

Dépasser le souvenir douloureux avec l'EMDR

L'EMDR (Eye Movement Desensitization and Reprocessing) est une méthode récente (découverte en 1987 aux USA par Francine Shapiro), qui peut aider les personnes bloquées au stade de la peine (www.emdr.com ou www.emdr-france.org).

Plutôt que de creuser pendant des années l'origine de leur traumatisme (lorsqu'il est conscient chez le patient), l'EMDR en traite ses conséquences cognitives. Cette méthode psychothérapeutique, proche de l'hypnose, utilise le mouvement des yeux et la pensée pour « restaurer le disque dur » de nos souvenirs émotionnellement traumatiques. Elle n'est pas recommandée à tout le monde, mais est efficace pour évacuer les souvenirs douloureux et restaurer l'estime de soi. Particulièrement adaptée, donc, pour la Grande Brûlée de l'Amour… qui veut passer à autre chose !

Pour faire le deuil de son histoire passée

Une autre piste pour que la GBA s'en sorte est d'essayer, seule ou avec une personne bienveillante – ami(e), thérapeute – de trouver des points positifs à l'histoire terminée. Qu'est-ce qui l'a séduite au départ chez son ex ? Qu'est-ce qui lui plaisait dans leur relation ? En quoi cet homme l'a fait grandir ? Ce qui compte, c'est de mettre une dynamique en route, d'amorcer quelque chose pour sortir de ce qui est figé négativement. Revenir sur les bons moments du couple permet d'en revoir l'histoire. Aucun amour n'a été atroce à 100 %, et revisiter son passé permet de regarder autrement son présent, pour envisager l'avenir, guéri de ses brûlures.

6

La panthère

CE QUE LES HOMMES QUI LA RENCONTRENT DISENT D'ELLE
Quand elle vous regarde, on a l'impression d'avoir 20 centimètres de plus et 10 kilos de moins. Et quand elle vous parle, on a l'impression d'avoir 50 points de QI supplémentaires. Se sentir Barack Obama, même une heure, c'est bon.

CE QUE SES COPINES DU LYCÉE DISAIENT D'ELLE À 18 ANS
Tout le monde déteste cette te-pu. Sauf les mecs, évidemment.

CE QUE SON ESTHÉTICIENNE DIT D'ELLE
C'est ma meilleure cliente, question chiffre d'affaires et aussi parce qu'elle me raconte jamais sa vie, elle.

CE QUE SON PATRON DIT D'ELLE
Angélique, c'est de la matière précieuse mais inflammable : parfaite pour dealer avec les hommes, mais, si je la mets sur un projet avec des femmes, je suis sûr que ça va foirer.

CE QUE SON PATRON DIT ÉGALEMENT D'ELLE, MAIS MOINS FORT ET PLUS TARD DANS LA SOIRÉE :
Un délicieux souvenir. Quelle panthère !

CE QUE SA MÈRE LUI RÉPÈTE
Pourquoi tu me présentes jamais tes copains, Angélique? J'espère que tu n'es pas trop seule...

CE QUE SON EX DIT D'ELLE
Au début, j'ai cru que j'avais trouvé la femme idéale. Jusqu'au jour où j'ai compris que je sortais avec un mec, en pire.

ANGÉLIQUE A LES CROCS

9 h 36 : Un texto réveille Angélique : « Pourquoi t'es partie si vite ? J'aurais acheté des croissants ! » La jeune femme lève les yeux au ciel. Bien sûr, elle pourrait répondre à, comment déjà… Patrice ? Patrick ? qu'elle part TOUJOURS vite et ne mange JAMAIS de croissants mais bon, ce serait une façon de le relancer et ça, pas question. Avoir un micropénis est une chose. Ne même pas savoir s'en servir en est une autre. Bref, c'est le moment d'effacer le numéro du jeune homme de ses contacts et de filer dans son bain. Après une semaine chargée, son rituel bain-masque-gommage du samedi matin est immuable. Plus le temps passe, plus « le poste emballage est lourd », comme elle dit : quatre-vingt-dix minutes pour maquillage, coiffure et passage dans son dressing, c'est le tarif désormais.

12 h 47 : Avec dix-sept minutes de retard (seulement) Angélique pousse la porte du café où elle a rendez-vous avec « Abdel, 38 ans ». Au fond de la salle, un grand brun se lève en souriant. Il a autant l'air d'avoir 38 ans qu'elle… mais bon, au moins, il a encore des cheveux, pas comme ce Jean-Marc du mois dernier, même pas fait l'effort de porter une moumoute comme sur sa photo de chopeungars.com, tsss. Allez, il est temps d'entrer en piste.

12 h 48 : Elle s'approche de la table, sourire carré, en chantonnant : « Comment ai-je pu laisser attendre un si beau garçon ? » (La réponse, c'est qu'à 12 h 03, elle échangeait encore des mails avec « Arnaud, 47 ans, Bois-Colombes », histoire d'avoir un plan B au cas où Abdel ne tiendrait pas la

route. Mais les épaules larges, les dents si blanches et, surtout, le casque intégral laissé sur la banquette sont de bon augure. Un motard. Waouh. Ça fait plus de six mois qu'elle n'en a pas eu et ce sont ses préférés.)

13 heures : Angélique en est sûre, Abdel et elle passeront la nuit ensemble. Mais lui, qui ne le sait pas encore, est en pleine parade. C'est le moment qu'elle préfère : lorsque l'homme a les yeux qui brillent, comme ça, elle se sent plus belle, plus forte, plus libre. Elle maîtrise parfaitement sa routine, qui consiste à faire parler l'autre en s'extasiant de tout (Vous êtes électricien ? Comme c'est viril ! Vous buvez du whisky ? C'est tellement sexy !). Plus c'est gros, plus ça passe. Les hommes sont des enfants et 90 % des femmes refusent de le voir. Angélique, elle, aurait fait une super pédopsychologue.

13 h 15 : C'est au tour d'Abdel de lui poser des questions, mais, fine mouche, elle ne tombe dans aucun piège. Sa musique préférée ? Celle de son adolescence dans les années 90, minaude-t-elle (en vrai, Angélique, née à la fin des années 60, a surtout du Véronique Sanson dans son iPod). Est-elle inscrite sur coupdefoudre.fr depuis longtemps ? Non, pas très, dit-elle en battant vite des cils (c'est vrai, mais Angélique omet de dire qu'en parallèle, sous des pseudos différents, elle est sur cinq sites de rencontres, son préféré étant adultere.com, celui des hommes qui ne rappellent jamais).

13 h 45 : Angélique grignote sa salade de mâche avec des gémissements de plaisir, puis déclare qu'elle a chaud et enlève son blouson en levant les bras bien haut, dévoilant, sous un col roulé aussi moulant qu'un bas, des seins spectaculaires (soutien-gorge Lift & Young de Dim). À la table d'à côté, une femme la dévisage avec ce regard mi-méprisant, mi-amusé qu'elle a déjà si souvent vu. Pff, Angélique ne fait même plus attention. Depuis le temps, elle les connaît, ces jalouses, ces grosses, ces tristes, ces grises... Avant, elle était provoc, elle pouvait lancer des trucs comme : « Continue à me mater

comme ça, ça te fera un point commun avec ton mec. » Mais là, pas de temps à perdre : elle a décidé de garder toute son énergie pour une cause plus noble. Celle des bras musclés d'Abdel. Elle avance une main vers ses biceps en pouffant : « C'est pas croyable, des beautés pareilles, ça devrait être déclaré au patrimoine mondial de l'humanité. » Le garçon est ravi : en plus d'être belle, cette fille est très intelligente.

14 h 15 : Sur le trottoir, Abdel n'a pas envie de quitter Angélique. Elle le sait, comme elle sait aussi que si elle cède trop vite à sa proposition de « se balader un peu, tous les deux », le jeu sera beaucoup moins amusant. Elle plante donc un petit baiser sur la joue du jeune homme en disant qu'elle a un rendez-vous à 15 heures, mais qu'il lui envoie donc un texto « dès qu'il aura envie de la revoir »...

14 h 17 : À peine Angélique a-t-elle tourné au coin de la rue, bien consciente du regard d'Abdel suivant sa chute de reins, que le SMS tombe : « Ça y est, j'ai envie de te revoir. » Elle sourit. Dans trois heures seulement, elle lui donnera rendez-vous pour le soir même. En cuisine comme en amour, Angélique est adepte de ces marinades qui permettent les cuissons rapides.

23 h 30 : Au Roxy, son club préféré, Angélique a sorti le grand jeu. Maxi talons, maxi cheveux, mais robe noire sobre, l'idée n'étant pas de ressembler à une professionnelle du sexe. Accoudé au bar, Abdel l'attend. Angélique s'avance vers lui, radieuse, comme on marcherait vers le soleil. Sur son chemin, une première paire de bras l'arrête. Celle de Jean-Luc (7-28 janvier 2013). Puis elle croise Christophe (27 janvier 2013), qui lui caresse affectueusement les seins, et aussi Nicolas (4-23 février 2013), qui la soulève et la fait tourner dans ses bras. Ne manquent que Sébastien et David, et la totalité de ses copains du trimestre précédent serait là. Qu'est-ce que c'est que ce binz ? Alors qu'Abdel la regarde, interloqué, elle voit, au-dessus du bar, la banderole CELIBATAIRES.COM : THE

PARTY ! : oh non... une soirée blind date géant ! Mais quelle idiote de n'avoir pas vérifié avant de donner rendez-vous à Abdel !

23 h 45 : Deux autres garçons du site sont venus embrasser Angélique : au moins, avec eux, elle n'a jamais conclu, mais comment le dire à Abdel ? Ce dernier, les doigts serrés autour de son whisky Coca, observe la scène sans rien dire. Un dernier homme, Christian, vient embrasser la jeune femme. C'en est trop pour le motard, qui se dirige vers la sortie, dépité. Angélique se dégage des bras de Christian et fonce derrière Adbel. C'est trop tard, il est déjà sur sa moto.

0 h 30 : Angélique n'a pas eu envie de rester à la soirée célibs du Roxy, ce qui ne lui ressemble pas. Rentrée chez elle, elle se jette tout habillée sur son lit. Elle se rend compte qu'elle a un tout petit peu envie de pleurer. Bah, rien qui ne résistera à un bon masque contour des yeux demain matin.

LES CLÉS DE SON COMPORTEMENT

Son problème

La panthère est une femme hyperséductrice qui aguiche tous les hommes et qui multiplie les conquêtes, sans se soucier des conséquences de ses nuits torrides. Mangeuse d'hommes mariés ou pas, parfois même nymphomane, elle a la pire des réputations. Mais c'est comme une drogue, elle ne peut pas s'en empêcher… quitte à finir sa vie seule.

Ce qu'en disent les psys

La femme panthère a besoin d'être dans le désir (des autres et du sien) pour se sentir vivante. Celles qui sont aux prises avec cette exclusivité du désir sur leurs autres sens, ont tout le temps besoin d'un nouveau challenge. Lorsque le désir d'un homme s'éteint, il leur faut à nouveau le réveiller… mais avec un autre.

La femme panthère multiplie les histoires brèves, et pense qu'elle ne veut pas créer de couple. Ce qui l'intéresse, c'est brûler, donner du sens aux sens (à la vie, aux événements), et passer seulement des moments fabuleux.

Inspirer le désir pour se sentir aimée

Homme ou femme, chacun de nous a envie de plaire, même les individus les moins sophistiqués. Car plaire ça veut dire être aimé, pour ce que l'on est, ou pour ce que l'on a acquis.

Plaire pour son intelligence, son calme, sa maturité, séduire par la force de son esprit, mais aussi par son apparence et son attitude.

Le désir est nécessaire à la rencontre, pour faire chaud dans le ventre au début d'une histoire d'amour. Il y a un effet physique, un afflux hormonal, qui accompagne le désir et qui rend une femme belle, un homme attirant : le désir fait rajeunir, briller les yeux, bander la pointe des seins, gonfler les lèvres.

La femme panthère est très attirante, et elle fait tout pour l'être, développant toutes les stratégies, à chaque instant. Par le flirt, la séduction, le jeu sexuel, les hommes succombent à ses charmes, car même si elle n'est pas très jolie, elle leur donne le sentiment d'être exceptionnels, uniques.

Des nuits torrides et des matins cruels

Lorsque la panthère rencontre un homme, ce n'est pas forcément elle qui fait le premier pas. Elle n'a pas besoin de faire des avances, elle se montre suffisamment offerte pour que les hommes viennent vers elle. Elle provoque le désir et elle attend.

Sexuellement, évidemment, la panthère n'est pas prude ; on n'attire pas les mouches avec du vinaigre. Chez elle il y a de la flamme, elle aime l'amour.

Cela peut être tentant pour un homme d'être un homme-objet le temps d'une soirée, mais pas dans une vie de couple. De toute façon la panthère ne propose pas le couple… Jamais elle ne dira : « Quand est-ce qu'on fait des enfants ? » Le fait qu'elle ne veuille pas d'attachement la rend d'ailleurs très désirable.

Après une nuit d'amour, le lendemain matin c'est souvent l'angoisse, le désir s'est effondré, tout s'effrite. On connaît des situations où l'on a été attiré par un homme pour son regard ou pour son odeur pendant la période de désir, et quand la période s'achève, tout à coup on ne supporte plus le parfum de sa peau, et son regard devient sans intérêt. Ces matins qui déchantent, la panthère les connaît bien. Pas sûr d'ailleurs qu'au réveil elle soit très guillerette. Parce que, lorsque le désir retombe et qu'il n'y a rien derrière, elle ne sait pas bien quoi faire.

Et puis le push-up et la robe de chambre, ça ne va pas bien ensemble… Alors si elle reste toute la nuit, elle ne se démaquille pas, elle a plein d'astuces pour éviter les désagréments du petit matin et sa lumière crue.

De toute façon, elle n'attend qu'une chose : que revienne le soir, la lumière artificielle, le maquillage, séduire quelqu'un d'autre…

Normal ou pathologique, vouloir séduire selon les âges

Avec ses attributs féminins mis en avant en permanence, et sa stratégie de séductrice constamment sur le mode « on », la panthère est haïe autant que désirée. Les autres femmes la voient (aussi) arriver de loin, et la trouvent pathétique. Entre le normal et le pathologique, la cloison est mince. Les psys sont formels, quitte à en choquer certains : oui, on peut être heureuse en couchant tous les jours avec un homme différent. Mais ils précisent aussi qu'il y a des temps dans la vie pour chaque chose.

Avoir 15 ans et vouloir tomber tous les garçons de sa classe, ce n'est pas pathologique. Il y a aussi la période autour de la trentaine où le « papillonnage juvénile » est bon pour la santé, avant de choisir un homme pour la vie.

En revanche, avoir 40 ans, vouloir construire une famille ou être déjà mariée, bref, avoir donné sa promesse à quelqu'un, et ne pas pouvoir s'empêcher de « chauffer » tous les hommes

que l'on rencontre, ça commence à devenir inquiétant. Il y a des périodes dans la vie où c'est l'heure d'être fidèle.
Et puis il y a le regard des autres qu'il faut assumer. Vivre avec une réputation sulfureuse à 25 ans, ça peut être une posture finalement assez rebelle, et c'est plus facile qu'à 65 ans.
Ce n'est pas un scoop de dire que notre société est jeuniste, elle considère que la vieillesse n'a qu'à se faire discrète. Donc, quand une femme de 65 ans se pomponne à outrance pour séduire, on la tourne en ridicule.

Derrière ses artifices, une femme vulnérable

La femme qui passe de l'état de séductrice à celui de consommatrice fait peur. C'est le côté dévorant de la mante religieuse qui effraie.

Dans notre société on porte au pinacle le couple et la famille, alors la femme qui couche avec plusieurs hommes est forcément considérée comme une mauvaise femme. C'est de la morale masculine, et féminine aussi, car les femmes voient la panthère comme un danger latent pour leur couple, et ne se privent pas de condamner ces autres femmes qui osent faire ce qu'elles-mêmes s'interdisent.

Pourtant, si on lui enlève ses ornements et son armure, la panthère est fragilisée. Impossible donc de la surprendre en jogging en allant chercher sa baguette, elle ne porte que ses habits de lumière, elle est toujours impeccable (de la robe moulante léopard au tailleur Ralph Lauren, la panthère peut avoir tous les styles). Elle n'a aucune confiance en son intelligence, en sa capacité à se réaliser autrement. Elle ne sait pas voir ses autres qualités, elle croit qu'elle n'est qu'en surface, pense que, si elle ne met pas le paquet, personne ne voudra d'elle. Derrière son assurance conquérante, il y a une faille narcissique, de l'immaturité affective.

Une fois que l'on a enlevé son costume de panthère, on va trouver une petite fille, qui a peur qu'on ne l'aime pas.

Un besoin absolu d'exister

Qu'a-t-elle pu entendre, petite ? Rien, justement. On ne s'occupait pas d'elle, on ne la voyait pas, et aujourd'hui elle croit que si on ne la voit pas, elle n'existe pas.

La panthère a peur du néant, de l'inexistence, de ne pas être reconnue. Donc elle se bat pour exister, et croit que son seul moyen pour y parvenir, c'est l'homme. Souvent elle prend toutes les autres femmes pour des ennemies, elle n'a pas compris que les femmes peuvent être solidaires entre elles, que c'est une de nos grandes forces. Ça ne fait pas partie de son univers, elle est seule face à tous les hommes, et si un seul homme ne la voit pas, elle n'existe pas, car ça la renvoie à sa position d'enfance. Donc, lorsqu'elle arrive dans une assemblée, il faut que tout le monde la regarde, sinon elle disparaît sous terre.

Exercice pratique : inventer votre modèle de couple

Pour beaucoup de célibataires endurcis, la vie de couple « à la papa-maman » est effrayante. Il n'y a pourtant pas qu'un modèle de couple. Nous avons la chance de vivre au XXIe siècle, en France, où nous pouvons, hétérosexuels ou homosexuels, adopter (ou inventer) le modèle qui nous convient. Vivre seul, à deux (ou plus, mais c'est compliqué !), se voir juste pour le week-end ou un soir sur deux, vivre à distance, avec ses parents..., tout peut être envisagé pour apaiser ses peurs, se découvrir et s'apprivoiser.

Une introspection sur nos craintes et nos envies permet de se connaître mieux soi-même, avant de dessiner le modèle de couple auquel on aspire. On ne mettra pas une panthère ni un lion en cage sans qu'ils dépérissent. Autant savoir qui l'on est, pour déterminer ce que l'on peut accepter de vivre. On en déduira avec quel genre de partenaire il sera possible de faire route commune.

Nous pouvons aussi avoir, tout au long de notre vie, plusieurs modèles sans culpabiliser. Après une rupture, par exemple, plutôt que se jeter sur un homme en se disant « c'est lui que je veux », pour construire un nouveau couple, il vaut peut-être mieux papillonner un peu, avoir des expériences multiples, être un peu femme panthère, épuiser son désir de plaire, pour pouvoir passer à autre chose.

Changer avant qu'il ne soit trop tard

Le jour où une femme a vraiment envie d'un bébé, si elle sent que les histoires qu'elle a vécues ont toujours exclu de fonder une famille (de son fait ou pas), c'est le moment de se poser des questions. Afin de ne pas regretter d'avoir fait un enfant avec un père indigne, ou absent.

Il est totalement naïf de croire qu'« un jour je vais tomber sur le bon ». Car l'amour, si grand soit-il, ne guérit pas de nos blessures d'enfance. Avant de pouvoir rencontrer l'homme de sa vie, le reconnaître, et le laisser entrer dans son intimité (ce qui est une autre paire de manches), il faut d'abord mûrir, faire la paix avec ses démons intérieurs et retrouver sa confiance en soi.

Pour les femmes, ce n'est pas facile, car le tic-tac de l'horloge biologique commence à retentir, tel le réveil du Capitaine Crochet, avant même notre quarantième anniversaire…

Quand arrive l'envie viscérale de faire un enfant, ou quand l'âge met à distance le désir des hommes, la panthère peut se fatiguer de tout son cinéma. Il y a beaucoup de panthères lucides, des femmes qui ne peuvent pas s'empêcher de séduire, mais qui au fond d'elles-mêmes aimeraient mieux être plus équilibrées.

S'il y a des panthères qui nous lisent, et qui ne savent pas comment s'en sortir, elles doivent se dire qu'elles ont le droit d'avoir une vie de « panthère », et ensuite d'avoir une autre vie. Et surtout qu'elles ne se vivent pas comme des déchets, des caricatures, des mauvais objets...

Il ne faut pas se leurrer, dans le cas de la panthère (autrement dit par les addictologues : la « dépendante affective »), difficile de se passer d'une bonne psychothérapie pour changer en profondeur.

C'est lorsqu'elle sera moins infantile, moins vulnérable, moins dissimulée sous un masque et qu'elle se sentira enfin exister, que la panthère pourra trouver un compagnon.

Mais, en parallèle, elle peut s'investir à fond dans un domaine. Exceller dans son travail, être vraiment reconnue pour ses capacités intellectuelles ou artistiques permet à une panthère de s'appuyer sur des réalisations concrètes pour se sentir exister. Vraiment.

7

La coincée

CE QUE LES GENS QUI LA CONNAISSENT DISENT D'ELLE
C'est bizarre, on dirait qu'elle porte une burqa, mais à l'intérieur…

CE QUE SES COPAINS DU LYCÉE DISAIENT D'ELLE À 15 ANS :
Aucun humour ! Quand on l'appelle « Ninon les nichons », elle chiale, cette idiote !

CE QUE SA MÈRE LUI RÉPÈTE
N'oublie jamais que les hommes sont des animaux !

CE QUE SA MEILLEURE AMIE LUI RÉPÈTE
N'oublie jamais que les hommes sont des êtres humains !

CE QUE SON PATRON PENSE D'ELLE
Quand même, elle est pas un peu rigide, cette jeune femme ?

CE QUE LES HOMMES DISENT D'ELLE
Quand même, elle a pas un peu un balai dans le derche, cette fille ?

CE QUE SON CONFESSEUR DIT D'ELLE
C'est une âme purge… Oups ! une âme pure, pardon.

CE QUE SON EX DIT D'ELLE
Ninon ? En trois mois, je ne l'ai jamais vue nue. Je crois que je connais mieux le corps de Clara Morgane que le sien.

NINON DERRIÈRE SES RIDEAUX

7 h 30 : Comme chaque matin, Ninon se garde bien d'ouvrir grand ses rideaux : son appartement donne sur la cour et, avec la lumière de sa lampe, quelqu'un de malintentionné pourrait la voir en chemise de nuit. Depuis qu'elle vit dans une grande ville, Ninon est estomaquée du nombre de pervers qui traînent. Elle passe donc son visage dans l'entrebâillement du rideau et constate qu'aujourd'hui comme hier 1) il pleut, 2) le type du 5e boit son café en regardant dans sa direction. Berk.

8 heures : Devant sa penderie, Ninon n'hésite pas longtemps : veste ample, chemisier, pantalon, chaussures plates et étole enveloppante. « Confort » et « sobriété » ont toujours été les maîtres mots des femmes de sa famille. Mais pas un instant, Ninon ne réalise qu'à 29 ans elle pourrait également faire dressing commun avec sa mère et sa grand-mère.

9 heures : Arrivée au centre culturel Guillaume-Apollinaire, Ninon rejoint son poste. Elle adore son travail de bibliothécaire, à cette réserve près que le poète qui a donné son patronyme au centre draine une clientèle disons... particulière. Ninon a calculé, sur les fiches de prêt, que *Les Onze Mille Verges* sortaient en moyenne six fois plus souvent que *Calligrammes*. Six fois ! Les gens ne pensent qu'à ça !

9 h 30 : À la machine, Ninon prend un café avec Sofia, tout excitée d'annoncer que ses trois copains célibataires ont confirmé pour ce soir : Ninon ne pourra plus dire qu'elle ne rencontre personne, hein ?

14 heures : Un client habituel, M. Martel-Pichard, s'approche du bureau de Ninon. Rien qu'à son œil salace, Ninon se doute de ce qui va suivre.

14 h 02 : Les lèvres pincées, Ninon saisit la fiche d'emprunt des *Exploits d'un jeune don Juan*, un livre qui, s'il n'était pas signé Apollinaire, serait juste un porno parmi tant d'autres. En partant, M. Martel-Pichard lui lance un clin d'œil. Berk.

18 heures : Sofia vient faire ses dernières recommandations à Ninon : plumage, ramage, au dîner, il faut qu'elle se défonce, promis ? La chorale, le bénévolat auprès des personnes âgées, tout ça, pas obligée d'en parler. Elle, son Vincent, elle l'a pas attrapé en lui montrant son badge des Restos au cœur... Ninon est à deux doigts de s'énerver : ça va, elle sait comment parler aux mecs ! Qu'est-ce qu'elle croit, Sofia, qu'elle est toujours vierge ?

18 h 02 : Sofia croit que ben oui, Ninon est toujours vierge. Mais y a pas de honte, hein ?

18 h 03 : Pour le coup, Ninon se fâche : c'est pas parce qu'elle porte pas sa culotte sur la tête qu'elle est frigide, bon sang !

18 h 04 : Sofia demande ce qu'elle entend par là. Ninon l'a-t-elle, une seule fois, vue avec sa culotte sur la tête ? Jamais au bureau, en tout cas.

18 h 05 : Oups ! Ninon s'excuse : tout ce qu'elle a voulu dire, c'est qu'elle n'a pas envie, dans une société où les corps sont devenus objets de consommation, de forcer sa nature pour « être comme tout le monde ». Elle, « être comme tout le monde », elle s'en fout. Pour désirer, elle a besoin d'aimer. Et pour aimer, elle a besoin de temps, de pudeur et de respect.

18 h 07 : En parlant de respect, Sofia lui dit de pas mettre de col roulé, quand même. Des « boobs » pareils, y a de quoi calmer la concurrence.

20 h 30 : Son dessert dans les bras, Ninon sonne chez Sofia. Si elle n'a pas suivi ses conseils à la lettre, elle a pourtant fait son maximum pour être, non pas sexy, quel mot horrible, mais « à son avantage ». Ce qui signifie que pour égayer son col roulé fétiche, elle a mis du blush rose, des petites perles aux oreilles et une jupe 4 centimètres au-dessus du genou.

20h32 : Un grand blond attrape le plat de crumble des bras de Ninon et lui tend un verre de champagne en souriant. Il a une bonne tête un peu ronde et des yeux qui rigolent. Il se présente comme « Max, commercial dans le vin mais pas encore complètement alcoolique ». Plutôt drôle.

20h37 : Max demande à Ninon si, en plus de la pâtisserie, elle a d'autres talents cachés. Ninon, rose de timidité, lui parle de sa passion pour la flûte à bec, qu'elle pratique depuis l'âge de 9 ans.

20h38 : Max, hilare, déclare raffoler de la flûte à bec. Qu'est-ce qu'on fait, ajoute-t-il, tu passes tout de suite sous la table ou on attend un peu ?

20 h 38' 30" : Ninon étouffe un haut-le-cœur.

20h40 : Un certain Denis sonne à la porte. Ninon met moins de deux secondes à reconnaître M. Martel-Pichard, son client fan d'Apollinaire. Elle ne lui serre même pas la main et roule des yeux épouvantés vers Sofia.

20h42 : Raide sur sa chaise, Ninon, qui a croisé les bras sur son pull à col roulé, tourne ostensiblement le dos à Denis lorsque Karim, le frère de Sofia, fait une entrée remarquée en se prenant les pieds dans le tapis. Il manque atterrir sur les genoux de Ninon qui bondit en arrière en poussant un petit cri. Sofia ferme un instant les yeux, pensive.

20h55 : On passe à table. Bien qu'assis à côté, Karim et Ninon n'ont toujours pas échangé deux mots mais les autres convives semblent avoir déjà sympathisé. Tandis que Denis Martel-Pichard pérore sur sa passion pour Apollinaire afin d'impressionner Audrey, une grande blonde au regard vide, Ninon fabrique une boulette de mie de pain, les yeux rivés sur la nappe. Lorsque le fan des *Onze Mille Verges* soupire : « Dire qu'il est mort si jeune ! Et à Verdun en plus », elle ne peut s'empêcher d'intervenir. « Apollinaire est mort en 1918, mais dans son lit. » Denis fronce les sourcils. Elle se trompe.

Vincent décide de demander au prof de français, « agrégé s'il vous plaît », de trancher.

21 h 02 : D'une voix douce, Karim l'affirme : « C'est Ninon qui a raison, il est mort de la grippe espagnole. » La jeune femme tourne la tête et lui sourit. Karim a de longs cils noirs, le nez très droit et une bouche qui ne dit plus rien. Ninon cherche l'adjectif qui lui irait le mieux : il est distingué, c'est ça.

23 h 30 : Toujours assis l'un à côté de l'autre, Ninon et Karim ont dû échanger cinq phrases en deux heures et c'est très bien comme ça. Aucun des deux n'a envie de rentrer. Mais en voyant Sofia et Vincent bâiller, Ninon comprend qu'il est temps de prendre congé. Sur le palier, elle fait alors une chose inouïe, une chose qu'elle classerait à 8 sur l'échelle de Richter de son audace : elle demande à Karim s'il a besoin qu'elle le dépose quelque part en voiture. Il balbutie : « C'est gentil, j'habite rue des Saussaies. »

23 h 31 : Non ? À quel numéro ? Au 5, pourquoi ? Ninon n'en revient pas. C'est aussi son adresse !

23 h 32 : Karim est abasourdi : il vit depuis un an au 5e étage, bâtiment C...

23 h 32' 15" : Ninon regarde Karim. Oh non ! Pas ça ! Elle grince : « Je vis en face de chez vous et vous devriez le savoir », avant de claquer sa portière d'un coup sec.

(Pour comprendre ce qu'il s'est passé, rendez-vous au chapitre 15.)

LES CLÉS DE SON COMPORTEMENT

Son problème

La fille coincée est une femme sérieuse, profonde, qui rit rarement et n'aime pas les blagues salaces. Elle se crispe quand on lui fait la bise, et pince les lèvres quand elle croise une fille libérée. Jamais de jupe au-dessus du genou, pas de décolleté, la coincée ne veut surtout pas être sexy. Son attitude très froide met à distance ceux qui voudraient l'approcher de près. Elle rêve d'une vie de couple mais, enfermée dans ses peurs, elle prend le risque de finir « vieille fille ».

Ce qu'en disent les psys

On utilise le mot « coincée » comme si c'était volontaire, et qu'il suffise de se dire de ne pas l'être pour dépasser ça. Mais une fille coincée a des blocages, qui remontent à l'enfance ou à ses premières expériences sexuelles. L'homme est vu comme un agresseur potentiel. La fille coincée est mal à l'aise avec son propre corps, que souvent elle préfère ignorer. Beaucoup de pratiques sexuelles la dégoûtent, et la maintiennent dans l'incapacité de vivre à deux.

Une éducation sexuelle parentale déterminante

Tout au long de notre enfance, nos parents nous transmettent (plus ou moins consciemment) leur vision de la sexualité. Ce qui importe n'est pas uniquement ce qu'ils nous enseignent, mais ce qu'on intègre comme interdit ou comme possibilité d'action. Si une petite fille entend régulièrement affirmer qu'une fille libérée est une « salope », elle se dit qu'il vaut mieux se fermer à double tour, et va devenir une fille coincée.

Si une famille regarde la télévision et que les parents se jettent sur la télécommande dès qu'un couple s'embrasse, ils transmettent à leurs enfants un malaise vis-à-vis du sexe.

Coincés eux-mêmes dans leur intimité (ils ont pu vivre par le passé un traumatisme sur le plan de la sexualité), ils ont beau être dans la tendresse avec leurs enfants, les embrasser, ceux-ci intègrent leurs blocages. Il est fréquent qu'une fille devienne coincée si sa mère a subi des attouchements.

À l'opposé, voir ou entendre ses parents faire l'amour peut créer un traumatisme. Ainsi des parents libertins ou exhibitionnistes peuvent avoir une fille coincée. Incomprise, elle souffre de son tempérament d'autant plus vivement.

L'adolescence, une période à haut risque

L'adolescence est une période fragilisante pour une jeune fille. Son corps change, le regard des hommes aussi et chaque mot, chaque geste peuvent avoir des conséquences désastreuses sur son image de la sexualité. Les parents doivent faire attention à leur attitude, qui peut paraître déplacée pour leur fille en pleine puberté. Mais c'est en dehors du foyer que la plupart des traumatismes ont lieu.

Les ados ont plus que jamais accès aux films X, et une jeune fille coincée fait figure d'extraterrestre. De la même façon qu'un garçon timide va se faire embêter chaque jour à la sortie de l'école, une fille se fait harceler sur son physique et son attitude si elle est très réservée et mal dans sa peau. Ce qui ne fera que renforcer la crainte inscrite en elle : « Les autres sont violents avec moi. » Et transformera une fille seulement pudique en une fille coincée.

Les jeunes veulent du spectacle et ne mesurent pas le mal qu'ils peuvent faire aux autres...

L'adolescence, c'est aussi la période de la première expérience sexuelle. Une aventure mal vécue peut interférer négativement sur la liberté d'action et créer des blocages. Par exemple, si une fille couche avec un garçon très libéré, qui se moque de sa maladresse par la suite (le pire étant qu'il le fasse sur internet), ou qu'elle ressent comme agressif, elle se dira alors : « On ne m'aura plus. » Elle restera sur les rails de la bonne conduite et s'interdira plein de choses.

Petit à petit, la répétition de ses interdits va devenir une sorte de seconde nature, qui fait qu'elle va être « naturelle » dans cette attitude coincée.

L'humour gaulois et les mots crus qui tuent l'amour

Notre société occidentale, qui quarante-cinq ans après la libération sexuelle prône le « porno chic », et qui objetise les femmes dans ses publicités, considère avec mépris la fille coincée (alors que, dans d'autres cultures, celle-ci sera valorisée en tant que femme respectable).

La fille coincée déteste les blagues sexuelles, qui la mettent mal à l'aise, la gênent et la dégoûtent. On peut peut-être rire de tout, mais pas avec n'importe qui. Les blagues salaces, dont la chute se situe sous la ceinture, sont souvent misogynes.

Pour les femmes en général, cet humour ne passe pas vraiment bien et provoque une certaine crispation. Mais ce n'est pas parce qu'on ne rit pas de ces blagues qu'on va être coincé dans la vie intime. Il y a des femmes qui ne supportent pas le terme de « salope » et qui par ailleurs, lorsqu'elles font l'amour, sont complètement libérées.

À l'inverse, une femme désinhibée peut bloquer plus d'un homme. Parler crûment de sexualité ne rassure pas un

partenaire. Or, pour qu'un homme fonctionne sexuellement, il faut toujours qu'il soit rassuré d'abord, stimulé ensuite. C'est aussi vrai pour une femme. Si elle est heurtée par son éducation ou ce qu'elle entend, elle se crispera et ne ressentira pas le moindre désir.
Gardons l'humour gaulois, qui fait sans doute l'une des spécificités de notre « patrimoine culturel », mais ne l'utilisons jamais en phase de séduction, ni avec un homme ni avec une femme.

Un manque de désir qui conduit à la solitude

La plupart du temps, un homme qui croise une femme coincée s'en rend compte très vite et la fuit. Mais il arrive qu'un homme et une femme s'unissent, sans passion amoureuse, par convenance ou parce que sonne l'horloge biologique.

Une femme coincée peut vivre en couple sans avoir une sexualité très épanouissante. Son mari peut se plaindre que ce n'est pas très joyeux, qu'elle refuse beaucoup de choses (ne parlons même pas de la fellation). Tout cela aboutit au fait que le rapport n'est pas très « marrant » !

La femme coincée n'a pas beaucoup de désir sexuel, car il est en compétition avec ses autres émotions. Or, quand on ressent du dégoût ou de la peur, notre libido est moindre…

Elle pourrait prendre physiologiquement du plaisir, mais le rapport sexuel n'est pas un jeu pour elle.

Comme elle a été conditionnée par son éducation ou ses expériences, elle se dit : « Une pénétration, c'est me faire violence, je n'ai pas envie de ça. » Elle mettra en place une stratégie pour l'empêcher.

Et même si elle tombe sur un mari très patient qui avance à son rythme, au bout d'un moment la relation fait du surplace. Son conjoint se lasse de devoir, chaque fois, batailler pour pouvoir faire l'amour…

Si une femme n'a pas de désir, alors son partenaire a l'impression qu'elle ne l'aime pas, mais aussi qu'il n'est pas compétent. Ce qui est grave : s'il est trop souvent remis en question, tôt ou tard, un homme ressentira le désir de s'éloigner, voire de partir pour de bon.

Lors de la séparation, la femme coincée pense que son compagnon est un malotru qui ne pense qu'à « ça ». Mais elle ne se rend pas compte qu'en dehors du couple c'est pire. Elle rencontre de nouveaux hommes qui ne prennent pas toujours les gants nécessaires pour évoquer le sexe avec discrétion ou tranquillité. Elle se sent donc de moins en moins à l'aise. Il y a de forts risques qu'elle se sente heurtée, qu'elle renonce définitivement et se retrouve « vieille fille ».

Découvrir son corps pour se libérer

La fille coincée ne peut changer sans être accompagnée. Elle doit voir quelqu'un qui l'aide à ne plus souffrir de son blocage, de cette fermeture face à la vie. Un médecin sexologue est la personne la plus appropriée.

Si elle ouvre l'étau qui est autour d'elle, elle se sentira de plus en plus en confiance et découvrira son corps avec volupté. En premier lieu, elle doit apprendre ce qu'est le plaisir sexuel, comment son corps peut réagir positivement.

Exercice pratique : lire Le Rapport Hite

Publié en 1976 aux États-Unis, puis en 1977 en France, *Le Rapport Hite* (de la sexologue féministe Shere Hite) a fait l'effet d'une bombe, et a bouleversé les idées reçues sur la sexualité féminine. Désir, masturbation, orgasme, coït, homosexualité... Grâce à une vaste étude à partir de questionnaires et témoignages, Shere Hite a donné la parole,

pour la première fois, à plus de trois mille femmes. Ces Américaines se livrent avec émotion et sincérité, sans jamais tomber dans la vulgarité. Dans cette enquête inédite, Shere Hite a révélé une vérité taboue jusqu'alors : même si sur le plan affectif et fantasmatique, l'homme garde toute son importance, il intervient pour peu de chose « techniquement » dans l'orgasme féminin. *Le Rapport Hite* nie l'existence d'un point G, remet en cause l'importance du coït dans le plaisir, au profit de celle du clitoris, élément essentiel du plaisir féminin. *Le Rapport Hite*, c'est l'antipornographie...
Aujourd'hui la sexologue continue de militer pour l'égalité des plaisirs hommes-femmes. *Le Nouveau Rapport Hite* (réédité en 2002, aujourd'hui au livre de Poche), peut, en près de six cents pages, nous convaincre que toutes les femmes sont différentes et qu'elles sont toutes normales. Même les filles « coincées ». Avec trente-cinq millions d'exemplaires vendus, ce *Rapport* est un ouvrage de référence en matière de sexualité humaine. Il devrait être lu par tous ceux qui ont compris que la sexualité est primordiale pour inscrire leur couple dans la durée... et l'épanouissement partagé.

Quand une fille coincée lit *Le Rapport Hite*, qui contient cent vingt pages sur la masturbation, en général elle se dit : « C'est dégoûtant. »

Ce qui intéresse le thérapeute, c'est d'avoir sa réaction et de pouvoir en parler avec elle. La clé du plaisir n'est pas tant de savoir comment faire, que d'accepter de le faire. Plus il y a de gêne, moins il y a de plaisir. Et le but est là : arriver à dépasser la gêne qui peut empêcher le plaisir.

Le fait de découvrir son corps va permettre à la fille coincée d'augmenter son excitation, qui deviendra plus forte que le blocage. À partir du moment où le plaisir a été ressenti, il devient son meilleur allié. Cette répétition de la jouissance va l'aider à se sentir mieux, et surtout à acquérir une nouvelle complicité avec un éventuel futur partenaire.

On peut alors espérer que la réussite amène la confiance, qui ramène la réussite et ainsi de suite... un cercle non pas vicieux, mais éminemment vertueux, que les « coincées » en soient sûres !

8

La sorcière

CE QUE SON EX DIT D'ELLE
J'ai épousé Michelle Obama. Et divorcé d'Elena Ceausescu.

CE QUE SA MÈRE DIT D'ELLE
Ma fille a la dent dure, elle tient ça de son père !

CE QUE SON PÈRE DIT D'ELLE
Ma fille est une emmerdeuse, je me demande de qui elle tient ça...

CE QUE SES COPINES DU LYCÉE DISAIENT D'ELLE À 18 ANS
Elle nous éclate ! C'est la seule qui fasse peur au gros Jojo, le capitaine de l'équipe de rugby !

CE QUE LES GENS QUI LA CONNAISSENT DISENT D'ELLE
Elle est brillante, mais on se demande comment les hommes qui sont sortis avec elle ont réussi à sauver leur pénis...

CE QUE SA COPINE QUI NE L'INVITE PLUS À DÎNER DIT D'ELLE
Tina est poilante, mais elle déstabilise trop les mecs, je ne sais jamais à côté de qui l'asseoir...

CE QUE LA NOUNOU DE SES ENFANTS DIT D'ELLE
C'est la seule qui m'ait dit le premier jour : « Vous n'aurez pas besoin du portable de mon mari. C'est moi et moi seule qui gère tout. »

CE QUE SON FILS DIT D'ELLE
« J'adore ma mère, mais j'aimerais pas que ma copine me parle comme elle parle à son mec. »

TINA ET SON TAILLE-HAIE

20 h 25 : « Magne-toi, Serge, on va être en retard ! » Le cri de Tina fait vibrer les fenêtres du salon. Serge déboule, le blouson de travers, en bredouillant qu'il était juste en train de chercher une bouteille de vin. Tina, les yeux sur sa montre, lui cloue le bec : « C'est pas normal que tu mettes plus de temps que moi à te préparer, t'es pire qu'une gonzesse ! »

20 h 40 : Dans la voiture, Serge met la radio sur Chante France. Tina ne peut éviter un cri d'horreur : « Et pourquoi pas Radio Bleue ? Je suis pas encore vieille, moi, tu sais que je n'écoute que Nova. » Serge l'exaspère de plus en plus. D'accord, il n'a jamais vraiment été un aigle, mais ces derniers temps, elle le sent de plus en plus en retrait, de plus en plus terne. Dire qu'au début, il y a deux ans, elle était sous le charme ! Si elle avait pu se douter, à l'époque, que son calme et sa douceur dissimulaient une mentalité de… de panda, tiens, c'est à un grand ours amorphe qu'il lui fait penser désormais. Si encore il en avait la libido, ça passerait, mais non, Serge continue à essayer, deux fois par semaine, de l'entreprendre, ses grosses pattes en avant… Berk, tous les hommes ne pensent donc qu'à ça ?

21 heures : Arrivée chez Sophie, Tina se sent comme ragaillardie. Odeur de feu de bois, déco chaleureuse, invités souriants, allez, ils vont passer une bonne soirée ! Un instant, Tina regrette de ne pas s'être changée : presque toutes les femmes sont en robe, talons et cheveux brillants, avec son look de sortie de bureau, elle doit avoir l'air du livreur de sushis, mais tant pis, c'était ça ou arriver à 22 heures… Diriger une équipe ou aller chez le coiffeur, il faut faire le choix. Bah,

comme lui avait dit un copain quand elle avait 18 ans : « Toi, tu n'es pas la première qu'on remarque dans une soirée, mais tu es celle que plus personne n'oubliera à la fin. » À l'époque, Tina avait pris ça comme un compliment, mais désormais, elle ne sait plus trop... D'autant qu'elle a noté que deux hommes qu'elle a déjà rencontrés ont fait un genre de reptation vers l'arrière lorsqu'elle s'est approchée pour les saluer.

21 h 30 : À table, une invitée félicite Serge : « Comme c'est moderne ! Vous travaillez chez vous ? C'est le rêve, non ? » Tina glousse : « Oui, si on veut... enfin il travaille À la maison, pas DANS la maison, je vous rassure, question gestion du quotidien, y a personne ! » Tout le monde se regarde, gêné. Tina choisit de ne pas se formaliser : son sens de l'humour est souvent incompris, les gens sont devenus tellement politiquement corrects !

21 h 40 : Le verre à vin de Tina est vide depuis cinq bonnes minutes, mais aucun de ses voisins ne semble l'avoir remarqué. Décidément, il n'y a plus d'hommes, se dit-elle, en se resservant elle-même une bonne rasade.

22 h 15 : Serge demande à la cantonade si quelqu'un connaît l'histoire des deux Belges qui vont au bord de la mer. « Oh là là, elle est vieille comme tes robes ! » soupire Tina. Non, on ne la connaît pas ! se récrient les convives. Serge se lance, mais évidemment, il en a oublié une partie. *In petto*, sa compagne conclut qu'il va encore prendre un râteau, elle lui a pourtant dit cent fois qu'il est nul pour raconter les blagues.

22 h 16 : N'y tenant plus, Tina coupe la chique de Serge pour raconter la chute à sa place. La tablée, se tait, consternée... et pas seulement parce que l'histoire n'est même pas drôle. Tina comprend qu'elle est allée trop loin. Mais comment s'en empêcher, elle a fait ça pour aider Serge, aussi, en société il est tellement... à côté de la plaque. Elle ? Elle, c'est différent. Elle manque peut-être un peu de « filtres », mais elle assure. Elle a toujours dû assurer, dans tous les domaines. Pas le choix.

22 h 35 : Sophie pose un énorme mille-feuille sur la nappe. Serge tend son assiette avec un grand sourire. Tina toussote discrètement… il a déjà 8 kilos de trop, c'est de la folie. Sans même lui jeter un regard, il se laisse servir une grosse part. Au moment où il s'apprête à attaquer son dessert, Tina émet un drôle de son, du genre « tuut tuut ». Serge se penche alors en levant sa fourchette à son intention, comme pour trinquer… ou comme on brandirait un majeur en pleine face, c'est selon. La tablée se retient d'applaudir, tandis que Tina croise les bras, rencognée dans sa chaise.

23 h 10 : La maîtresse de maison propose de jouer aux ambassadeurs. Marc, un des convives, commence en mimant un individu maniant un outil tranchant (taille-haie ? sécateur ?) dans l'air.

23 h 11 : Trois invités crient en même temps : « C'est Tina ! »

23 h 12 : C'était *Edward aux mains d'argent*. Serge rit sous cape. Tina fait semblant de trouver ça très drôle. À son tour de jouer, elle mime un animal qui dévore sa pâtée, halète ridiculement en regardant une fille, puis s'endort en ronflant. « C'est le chien de *The Artist* ? » hasarde Sophie.

23 h 05 : « Ben non, c'est Serge », se gondole Tina.

23 h 05' 02" : « Bon ben, il est tard, il faut rentrer », disent deux invités en se tapant sur les cuisses d'un même mouvement.

23 h 25 : Tandis que la voiture roule sous la pluie, Serge garde un silence obstiné. Si seulement ils s'engueulaient, se dit Tina, ça serait moins sinistre. Mais pourquoi tombe-t-elle toujours sur des invertébrés, bon sang ?

23 h 27 : « Continuez sur cette voie jusqu'à la fin », recommande la voix synthétique de la dame du GPS. Tina jette un coup d'œil à Serge et comprend qu'elle n'en aura pas le courage. Comme pour le père de Lucas, trois ans plus tôt, l'heure de la rupture a sonné. Lentement, elle prononce alors ces mots : « Serge, je crois que toi et moi, on est arrivés au bout de quelque chose, tu ne penses pas ? »

LES CLÉS DE SON COMPORTEMENT

Son problème

La sorcière est une femme qui veut dominer son compagnon, quitte à le rabaisser en public et à le dénigrer devant leurs proches. Elle « porte la culotte », et même quand elle l'enlève c'est encore elle qui commande. Loin d'être satisfaite de la relation qu'elle a mise en place, elle se lasse de son homme et le quitte... pour recommencer avec un autre. La sorcière vit rarement seule, mais elle change souvent de compagnon.

Ce qu'en disent les psys

La sorcière est dans une sorte de rivalité avec les hommes et, une fois qu'elle a trouvé en son compagnon une proie consentante, elle recherche en permanence sa castration par l'humiliation. Prise à son propre piège, elle n'arrive pas à sortir de cette position phallique.

La sorcière a pu avoir une mère très forte à laquelle elle s'identifie, ou au contraire une figure maternelle assez faible qu'elle veut venger : « Je ne serai jamais dominée comme ma mère l'a été. » Quoi qu'il en soit, elle ressent une haine du « père » qui l'oppose à tous les hommes.

Une conquérante qui choisit sa proie

La sorcière est une femme forte et fière de l'être. Avec son air de Cruella d'Enfer (des *101 Dalmatiens*) et son allure plutôt masculine, elle cultive un certain refus de la féminité. Elle ne feint pas d'être une autre, ne simule jamais la douceur ni la fragilité. Même lorsqu'elle rencontre un homme qui lui plaît, elle ne cherche pas à cacher son jeu : son fonctionnement est une arme de séduction. Vont s'écarter d'emblée de son chemin 90 % des hommes, pour qui sa personnalité n'est pas du tout attirante. Peu importe, elle vise ceux qui restent, et qui sont aimantés par la force qu'elle dégage.

La sorcière est souvent une femme de pouvoir. Mais elle peut aussi ne pas avoir réussi socialement et prendre sa revanche dans l'intimité. Elle aime conquérir un homme puissant (patron, médecin, politique), et le dominer à la maison : « Tu te crois si fort, moi je vais te montrer qui est le vrai boss. » Sa proie favorite est en tout cas quelqu'un qui, au fond, n'est pas très sûr de lui ; la sorcière a cette capacité de percevoir très vite son potentiel de fragilité.

Dès le début de la rencontre elle va jouer sur du velours, en lui reprochant ceci ou cela (son embonpoint, son manque d'ambition, ses piètres talents de cuisinier ou d'orateur...). Si elle tombe sur un homme qui a du répondant, il va se défendre et l'histoire va s'arrêter. Mais s'il reste, elle va peu à peu creuser le sillon, jusqu'à le discréditer sur tout ce qu'il entreprend.

Elle a besoin du regard des autres pour tenir son rôle

La sorcière éprouve une jouissance à dénigrer son compagnon dans la sphère intime. La famille, les amis et les enfants sont les grands témoins de ses vexations quotidiennes. Car, plus que tout, elle a besoin d'avoir un public. Elle s'épanouit lors des dîners, quand elle peut humilier tout à loisir son « crétin » de conjoint « même pas capable de... » devant un auditoire médusé. Plus il rampe, plus il s'écrase mortifié, plus elle exulte. C'est ce public qui valide combien elle est dominante. Son système fonctionne à trois : elle, son homme, et le regard de l'autre.

Une sexualité frustrante pour les deux

Dans l'intimité, leur attitude n'est pas différente, et il y a peu de tendresse entre eux. Plus son conjoint se laisse rabaisser, et moins elle a envie de lui donner de l'affection. La sorcière fait en sorte que, même dans leurs rapports sexuels, il ne reprenne pas sa place d'homme.

Soit elle montre sa puissance en se refusant souvent à lui, et sa domination va se jouer dans le fait de ne pas lui donner ce qu'il veut, de ne pas le désirer.

Soit elle critique sa façon de lui faire l'amour, « tu t'y prends vraiment mal », lui parle de ses ex, « de bien meilleurs amants »...

Quand son compagnon lui demande ce qu'elle désire exactement, elle lui rétorque que « ce n'est pas moi qui vais t'expliquer, non plus ! ». Sans plaisir sexuel ni regard aimant, la sorcière puissante ne se sent jamais assouvie.

Les dommages collatéraux de la libération sexuelle

Depuis les années 70, les femmes revendiquent leur droit à la jouissance, expriment leur désir... et leur frustration. Les hommes, qui jusqu'alors n'avaient que le fameux « devoir conjugal » comme obligation, se trouvent parfois décontenancés devant les nouvelles exigences des femmes et peuvent en perdre leurs moyens et leur érection.

À vouloir jouir à tout prix (à chaque fois et à répétition pourquoi pas), certaines femmes sont maladroites, et leurs réflexions s'avèrent contre-productives. Celle qui a « tout

fait, tout vécu, qui adore les petits jeunes à l'occasion» et raconte facilement sa sexualité à ses copines, ne prend pas forcément le temps d'expliquer le b, a, ba de son orgasme.
Et pourtant, les sexologues sont unanimes : ramener l'amour à quelque chose de trop technique et d'hypermaîtrisé est castrateur pour un homme, qui a toujours peur de ne pas être à la hauteur. Même si elle connaît son corps et son fonctionnement, une femme ne doit JAMAIS exiger : « Fais-moi ci, prends-moi comme ça, je jouis comme ceci, etc. » Le pire étant la négation : « Mais non, voyons, pas comme ça, plutôt comme ça... » ou encore la comparaison (spéciale dédicace aux nostalgiques) : « Je ne comprends pas, tous les hommes à qui je demandais ça adoraient, et toi, non ! » Nous ne nous attarderons pas sur celles qui rient en commentant la taille du pénis, car elles n'existent pas... Dites-nous qu'elles n'existent pas !
Au lit aussi, une femme doit être psychologue pour faire passer des messages constructifs. La fin justifie les moyens...
Bien sûr, on peut quand même demander ce qu'on aime sexuellement, tout est dans la façon de présenter les choses. Il faut un peu de tact et préférer les suggestions ouvertes : « J'adore quand tu me fais ça », « J'ai rêvé que tu me faisais ça et j'avais un plaisir fou... » S'il n'est pas borné, le mâle entendra.
Et au moins dans ce domaine, de grâce, cessez de vouloir tout maîtriser ! Les premières fois, laissez de la place à la maladresse, comme elle peut arriver dans la sexualité. Peu importent les années de pratique, les moments de trouble signent que quelque chose d'émouvant se passe. Il n'y a rien de plus beau, lorsque l'autre nous prend dans ses bras, que d'avoir le sentiment de perdre son propre mode d'emploi. Dans chaque rencontre – y compris sexuelle – il y a quelque chose à réinventer avec l'autre, de l'ordre du vertige. On est toujours susceptible de se redécouvrir autrement et c'est ce qui est bouleversant.

Des sentiments ambigus

Plutôt que d'aimer son compagnon, la sorcière aime le rapport de force qui les unit, tout en souffrant de cette situation.

Dans un premier temps elle ressent un effet positif de narcissisation, « je suis la forte, il est le faible », mais ensuite sa façon de dominer et de dénigrer son homme lui revient en boomerang : « Mais qu'est-ce que je fais avec une carpette pareille ? »

La situation se retourne contre elle, et la dévalorise aussi à ses propres yeux.

Une rupture annoncée

La sorcière est malheureuse, mais ne s'en aperçoit pas tout de suite, car elle a intégré le fonctionnement du règlement de comptes. C'est toujours l'autre « qui ne fait pas ce qu'il faut », ce n'est jamais elle, et le ton monte jusqu'aux insultes. Plus l'homme accepte l'humiliation, plus la sorcière est proche de le quitter. Et puis un jour, comme un chaton délaisse la souris quand elle ne bouge plus, le jeu n'a plus d'intérêt et la sorcière passe à une autre proie.

Si surprenant que cela puisse paraître, ce ne sont pas les hommes qui partent, c'est elle qui les quitte… Elle rêve d'« un mec, un vrai », mais si elle trouve un compagnon à sa dimension, elle ne pourra plus le dominer. Aussi elle s'arrange pour que cette situation ne se présente pas.

Exercice pratique : apaiser le rapport de force dans le couple

Le rapport de force dans le couple est devenu systématique et nécessaire, car il découle de l'égalité entre les sexes (vers laquelle on tend). On est passé de l'ère de la complémentarité très marquée, où chacun avait sa place définie (l'homme à l'extérieur de la maison et la femme à l'intérieur ; l'homme protecteur et dominant et la femme protégée et dominée), à une ère d'égalité où chacun doit s'affirmer (dans son individualité, ses prérogatives...). En conséquence, le rapport de force est constamment présent. Il peut épuiser beaucoup de couples, car dans une dispute on a souvent l'impression qu'il faut nécessairement un gagnant et un perdant.
Pour sortir de la confrontation, il est important de trouver des zones de complémentarité. Chacun s'apaise lorsqu'il a conscience que le rôle de l'autre lui est utile. Il faut savoir (et vouloir !) se répartir les rôles complètement — « sur quoi es-tu capable d'intervenir, de quoi as-tu envie ? Moi j'ai envie de faire ça, et je sais le faire » —, sans arrière-pensée et avec bienveillance. Comme si on cherchait à former une équipe gagnante en recrutant les potentialités. Mais cette reconnaissance du rôle de l'autre n'est possible que si chacun accepte de faire bouger les choses, et ne reste pas sur un mode binaire, figé dans ses certitudes (par exemple, au hasard, « toi la femelle aux tâches ménagères, moi le mâle au bricolage »).

Une vieillesse aigrie, si elle ne change pas

La sorcière est une femme intelligente, elle prend peu à peu conscience de son incapacité à construire une relation épanouissante et souffre de la répétition de ses échecs amoureux. Mais, quand on est blindé de certitude, on met une énorme énergie à ne pas être menacé par le changement. Si la sorcière endurcit son personnage jusqu'au bout, et décrète que tous les mecs sont des « lavettes », la gent masculine ne trouvera jamais grâce à ses yeux. Si elle ne se remet pas en question, la sorcière peut devenir très aigrie.

Une métamorphose radicale grâce à l'amour

La sorcière étant dans une construction défensive, elle a en elle de grandes possibilités de changement. Comme chez le radin (voir le chapitre 17), une rencontre amoureuse peut bouleverser son équilibre et la transformer radicalement. Mais si elle veut attirer un « vrai » mâle, celle qui a pris une place d'homme doit d'abord y renoncer.

Il lui faut d'abord prendre conscience de son comportement, mais aussi assumer davantage sa féminité, devenir plus sûre d'elle et lâcher ses revendications phalliques. Et elle ouvrira inconsciemment la porte à un homme très masculin, tellement certain de sa virilité qu'il ne la verra pas comme un danger. Il n'accordera aucune importance aux signes castrateurs qu'elle envoie. L'homme viril saura se faire respecter, et à la moindre tentative de dénigrement, n'hésitera pas à remettre à sa place l'ex-sorcière amoureuse... et apaisée.

9

Celle qui a oublié qu'elle est une femme

CE QUE DIT SON ANCIENNE AMIE D'ÉCOLE QUI VIENT DE LA REVOIR

En trente ans on a toutes pris un petit coup derrière la nuque, mais Gisèle, c'est carrément une rafale de bazooka, la pauvre.

CE QUE LE PETIT COPAIN DE SES 18 ANS DIT D'ELLE

Je crois bien que Gisèle était la fille la plus sexy que j'ai jamais connue. Quand je l'ai recroisée par hasard, j'ai eu un choc : j'ai cru que c'était une amie de ma mère.

CE QUE SON EX-MARI DIT D'ELLE

Qu'elle ait voulu faire chambre à part était une chose. Qu'elle se soit justifiée en disant que son épisiotomie était toujours douloureuse, dix-huit ans après son dernier accouchement, en était une autre.

CE QUE SA COLLÈGUE ET AMIE DIT D'ELLE

La dernière fois que je l'ai vue en jupe, c'était pour la confirmation de son fils. En 2004, de mémoire.

CE QUE SON GYNÉCOLOGUE DIT D'ELLE

C'est la seule qui ait dit « chouette » quand je lui ai expliqué que sa ménopause avait commencé.

CE QUE SA BENJAMINE, 18 ANS, DIT D'ELLE

Je crois que je suis la seule ado au monde à avoir offert un cours de maquillage à sa mère pour Noël. Et elle n'y est même pas allée.

CE QUE SON FILS AÎNÉ, 22 ANS, DIT D'ELLE

Maman me prépare toujours mes Tupperware pour la semaine. Sur le campus, les potes se foutent de moi, mais ils sont bien contents de partager ses lasagnes maison.

CE QUE SON COIFFEUR DIT D'ELLE

Ça fait au moins trois ans que je ne l'ai pas revue. J'espère qu'elle n'est pas malade au moins?

GISÈLE PRENDRA-T-ELLE LA ROUTE DE MADISON ?

6 h 45 : Aucun réveil n'a sonné mais Gisèle sort du lit et enfile son peignoir. Vingt-deux ans à avoir été la première debout à la maison, ça vous donne de sacrés automatismes. Tandis que chauffe l'eau de son thé, Gisèle prépare les tartines : jamais elle ne dérogerait au rituel de la brioche grillée, beurre et Nutella du matin, tant pis si les enfants ne sont pas là, ça en fait plus pour elle. En mâchant lentement son petit déjeuner, Gisèle a une pensée pour « Papa », *alias* Marc, son ex-mari. Cette façon qu'il avait de regarder ses hanches dès qu'elle avait la bouche pleine, c'était insupportable ! Bon débarras !

7 h 15 : Comme tous les matins, Gisèle fait le tour des chambres, son chiffon à poussière en main. Photos de classe, diplômes de judo ou de brevet des collèges encadrés, peluches sur les lits, tout est resté en l'état. Marc disait qu'il n'en pouvait plus de vivre dans un mausolée, mais les enfants sont ravis de retrouver leur territoire intact quand ils repassent à la maison. Parfois, Gisèle se demande comment elle a fait pour rester mariée vingt ans à un tel égoïste. S'il n'y avait pas eu les petits...

7 h 45 : Gisèle se fait belle – un coup de lait Mustela sur le visage (ça lui rappelle l'odeur de ses bébés), une touche de crème Nivea et zou ! *Less is more*, moins c'est mieux, elle l'a lu dans une interview de Meryl Streep, son actrice préférée. Tout le monde dit qu'elle lui ressemble, mais c'est plutôt sur le fond qu'elles sont « raccord » : quatre enfants, dont elle dit qu'ils sont toute sa vie, comme elle, et cette même sagesse d'accepter les stigmates du temps qui passe. Quelqu'un lui a dit un jour

que Meryl Streep s'était fait lifter le bas du visage. Gisèle n'en croit pas un mot.

8 h 30 : Gisèle arrive au bureau : elle a gardé l'habitude d'être la première, depuis l'époque où elle devait rentrer tôt pour superviser les devoirs. Une autre chose que l'assistante de direction a conservée, c'est son « petit musée », comme elle dit : sur une étagère, elle a aligné tous les cadeaux de Fête des mères faits par ses enfants à l'école, trop peur qu'ils s'abîment, à la maison. Colliers de macaronis, pots de yaourt couverts de feutrine, « compliments » calligraphiés, à la moindre contrariété ils sont là pour « remettre les choses en perspective », comme elle dit.

9 heures : Arrivée en trombe de Catherine, sa copine du service export. Un numéro, celle-là : 51 ans, en paraissant 35 grâce à des « petits travaux d'entretien », comme elle dit (la vérité c'est que Catherine est toujours en chantier, au propre comme au figuré), un amant à chaque étage, au bureau, les gens ont du mal à croire qu'elles puissent être aussi proches. Mais Catherine est drôle et généreuse, en plus elle n'a jamais pu être mère, ce qui serre le cœur de Gisèle. Son amie lance un index accusateur dans sa direction : « T'as pas oublié mon anniversaire ce soir ? T'as intérêt à te faire belle, j'ai une target pour toi. Et si tu lui parles de tes mômes, je t'étrangle. » Gisèle sourit : non, elle n'a pas oublié, elle essayera de passer, promis. Catherine s'époumone : comment ça, essayer ? Qu'est-ce qu'elle a de mieux à faire, ce soir ? Fouiller dans ses cartons de photos argentiques jaunies ? Gisèle maugrée que ses photos sont toutes classées dans des albums, année par année, qu'est-ce qu'elle croit ? Son amie n'en démord pas : elle l'attend à 20 heures pétantes, elle compte sur elle. Gisèle opine, à bout d'arguments.

17 h 45 : Gisèle quitte le bureau, contrariée. Comme souvent, trois de ses quatre enfants n'ont pas répondu à son SMS quotidien, mais ça, elle a l'habitude, ils travaillent

tellement, pauvres chéris. En revanche, elle s'en veut d'avoir cédé à Catherine, elle n'a aucune envie de se pomponner ce soir – pour qui, pour quoi ? La vérité, nue, crue mais indicible, la voilà : à 48 ans, la simple idée de devoir enlever sa culotte pour un homme l'épuise. Sans compter qu'elle comptait s'avancer dans la préparation des Tupperware de son aîné (Mickael lui a demandé du gigot à la cuillère), quelle galère. À moins que... si elle lance l'agneau avant 18 h 30, il sera confit à 22 heures, en rentrant tôt de chez Catherine, c'est jouable. Gisèle court dans les couloirs du métro.

19 h 35 : Tandis que la viande est au four, Gisèle est à... l'agonie. Son fond de teint est tout sec dans le tube, impossible de se coiffer correctement, elle relève ses cheveux en chignon approximatif et se plante, découragée d'avance, devant sa penderie. Elle sait bien que tout est devenu trop petit, ces derniers temps. En catastrophe, elle ressort une vieille robe de grossesse noire de sa housse ; elle sent un peu l'antimite mais, au moins, elle n'est pas serrée à la taille. Heureusement qu'elle a tout gardé, se dit-elle.

20 h 10 : Gisèle sonne chez Catherine. C'est son frère, qu'elle ne connaissait pas, qui ouvre. Avec ses cheveux blancs un peu longs et ses yeux bleus, Jean a tout du vieux beau. Pas du tout, du tout, le genre de Gisèle, qui de toute façon, n'en a plus depuis longtemps, de genre.

20 h 30 : Catherine, qui joue les entremetteuses, de quoi je me mêle, vend son frère en expliquant qu'il est fan de Meryl Streep, comme elle. Gisèle sent le coup monté mais de fait, Jean semble connaître par cœur la filmographie de l'actrice.

21 heures : Quelqu'un dit : « *Kramer contre Kramer*, c'était Robert Redford, n'est-ce pas ? » D'une même voix, Jean et Gisèle se récrient : « Pas du tout, c'était Dustin Hoffman ! » Ils se sourient à travers la table. Puis Jean ressert Gisèle de champagne en disant : « Redford, c'était *Out of Africa*. Vous vous souvenez de la fameuse scène du shampoing ? La plus

sensuelle de toute l'histoire du cinéma, vous ne trouvez pas ? » Sans savoir pourquoi, Gisèle rougit.

21 h 40 : Gisèle est un peu pompette. En face d'elle, Jean la regarde. Il a quelque chose de Clint Eastwood dans *Sur la route de Madison*, sans doute le film qui l'a fait le plus pleurer au monde. Gisèle songe qu'elle devrait rentrer, l'agneau risque de dessécher au four. Mais à cet instant, elle n'a qu'une seule envie, proprement absurde : lever les bras derrière sa nuque, défaire son chignon et attendre qu'un bel homme y verse un broc d'eau tiède.

LES CLÉS DE SON COMPORTEMENT

Son problème

« Celle qui a oublié qu'elle est une femme » est avant tout une mère. Rien ne compte autant que ses enfants et seul leur amour la comble. Elle s'est laissée aller au fil du temps, a grossi, elle ne prend pas beaucoup soin d'elle et met à distance les relations sexuelles avec son conjoint. Il finit par quitter celle qu'il ne reconnaît plus et elle a bien du mal, avec sa carapace de « mamma », à retrouver un compagnon. Le veut-elle d'ailleurs autant qu'elle le prétend ?

Ce qu'en disent les psys

Cette femme qui ne se vit que comme une mère a reporté toute sa jouissance corporelle sur ses enfants. Elle a une image très ambivalente de l'homme : elle a peur de la séduction masculine, et n'a pas ou peu de désir sexuel. Avec le changement radical de son apparence (voire de sa personnalité apparente), elle a autorisé une partie d'elle-même à s'exprimer, avec laquelle la féminité et l'amour d'un homme n'ont plus d'espace.

Un idéal de mère de famille

« Celle qui a oublié qu'elle était une femme » a intégré petite qu'une femme « bien » ne doit pas vivre seule, que sa place est en tant que mère de famille auprès de son époux (on le lui a sûrement fait comprendre dans sa famille). À l'âge adulte, son premier but est donc de trouver un mari, et elle va mettre toute son énergie et les moyens qu'il faut pour l'atteindre (entreprise de séduction, crinière de lionne, poids de chasse, etc.).

Puis, pour être pleinement satisfaite, elle tombe enceinte rapidement, et ses accouchements-allaitements, souvent « les plus beaux moments de sa vie » (malgré l'épisiotomie, la fatigue, les crevasses et le baby blues), lui permettent d'accéder à la plénitude programmée. Une fois obtenue la totalité de ce qu'elle recherchait, tout le reste devient secondaire. Elle se focalise sur son rôle maternel et sur le plaisir qu'elle éprouve à s'occuper de ses enfants. Le couple n'a jamais été sa priorité, mais le moyen incontournable pour devenir mère. Une fois ses enfants nés, il le sera encore moins.

Un désintérêt grandissant pour la sexualité

Si cette femme-là paraît comblée (ou plutôt si elle ne manifeste pas de mécontentement), c'est que pour elle il n'y a pas que le sexe dans la vie, loin de là. « Celle qui a oublié qu'elle était une femme », n'éprouve pas, dès le départ de sa vie sexuelle, une jouissance fantastique. Et comme elle a peu ou pas de plaisir par ailleurs, s'occuper de ses enfants va devenir un plaisir exclusif.

Son conjoint ne comprend pas pourquoi sa compagne, une fois devenue mère, ne lui offre plus le visage de femme qui l'avait séduit.

Le couple va s'éteindre petit à petit et, le jour où il explose, elle ne retrouvera pas un désir fou, puisqu'elle l'avait déjà perdu. Si personne n'est là pour la solliciter pendant des mois ou des années, alors elle mettra totalement toute idée de la sexualité de côté.

Heureux sans faire l'amour

Beaucoup de couples fonctionnent sans sexe. Personne ne l'avoue, c'est pourquoi les chiffres ne les mentionnent jamais. Mais tous les sexologues, andrologues, thérapeutes et divers psys que nous avons questionnés sont formels : ils sont légion, beaucoup plus nombreux qu'on ne le pense.

Certains couples ne sont pas très portés sur la « chose », et concluent dès leur rencontre un contrat tacite : « pas de sexe ». D'autres couples font l'amour un peu, mais diminuent la fréquence de leurs rapports jusqu'à ne plus rien faire. S'ils font l'amour une ou deux fois par an, ces couples se définissent d'ailleurs auprès des spécialistes comme ayant une sexualité. Les sexologues comparent l'absence de sexe à la grève de la faim : au début on ressent le manque, puis de moins en moins...

On peut trouver tout un tas d'avantages à vivre dans un fonctionnement familial, comme frère et sœur. Contrairement aux idées reçues, un homme peut entrer aussi facilement qu'une femme dans un processus désexualisé (s'il cherche une mère par exemple, il ne la désirera pas).

Comme notre société enjoint de faire l'amour souvent (les statistiques parlent de deux ou trois fois par semaine en moyenne) et au moins « pour l'hygiène », ces couples consultent, ils se questionnent : « On devrait le faire parce que c'est normal » ; ils ont le sentiment que l'abstinence est dangereuse, qu'elle provoquera une catastrophe (infidélité, maladie, divorce...).

Mais il n'y a aucune incidence sur la santé physique lorsqu'on n'éprouve pas de frustration. Il n'y a pas de manque chez les couples qui, volontairement et conjointement, n'ont pas de sexualité. Le désir a quitté leur corps, ils restent fidèles, et si les deux sont en phase ils peuvent même être très heureux.

L'amour de son enfant plutôt que celui d'un homme

Alors qu'une relation amoureuse est toujours ambivalente (on se fait des reproches, on ressent parfois des sentiments négatifs), l'amour d'un enfant pour sa mère est très gratifiant émotionnellement. Il la couvre de mots et de déclarations – « tu es la plus belle » –, offre et réclame de la tendresse, il crée avec elle une relation intense, passionnelle, amoureuse, et sans contrepartie (tant qu'ils sont petits, car à l'adolescence ce n'est plus la même chanson...). Il est plus rassurant d'être aimée par son enfant que par un homme, et surtout pour celle qui se méfie de la gent masculine ! Le petit réclame la présence constante de sa mère, certain qu'il ne l'abandonnera pas. C'est cette fusion absolue qui pousse cette femme à reporter tout son amour sur ses enfants. Quitte à en être leur esclave... volontaire.

Un changement de peau radical

La femme « qui a oublié qu'elle en était une » a su plaire quand elle le voulait. Elle a joué un temps la carte de la séduction, elle en a appris les codes, puisqu'elle a rencontré au moins le père de ses enfants. Elle a peut-être eu une vie étudiante, a sûrement travaillé, elle a pu avoir une carrière brillante, et parfois même une réputation de femme fatale pendant quelques années. Puis soudain, avec jubilation, elle a quitté sa peau de *working girl* pour prendre celle d'une *housewife* pas *desperate* pour un sou. Son entourage est sidéré (sa famille et ses copines n'en reviennent pas) car il ne comprend pas cette mue, il pense qu'elle a changé, qu'elle est devenue quelqu'un d'autre. La transformation est si radicale...

En fait, cette femme avait depuis toujours en elle une forme d'ambiguïté, un désir de réussite doublé d'une aspiration à vivre paisiblement : le business plan-plan, en somme ! Et il y a eu quelque chose dans la séduction qui s'est avéré décevant ou épuisant. Il est fatigant pour une femme de devoir toujours maintenir au top son niveau de séduction. Gym-régime-talons-réunions, c'est un cocktail qui demande une énergie constante.

On a tous en nous la capacité de changer à un moment de notre vie, souvent après un événement déclencheur (maladie, deuil, divorce, chômage). Devenir mère provoque un chamboulement psychique profond qui autorise l'introspection : « j'en ai marre de me battre, j'ai envie d'une vie moins compliquée ». Celle qui a oublié qu'elle était une femme va reporter toute sa nécessité d'être aimée, ou bien reconnue par l'autre, sur l'amour inconditionnel de ses enfants.

Le syndrome du nid vide comme révélateur

« Celle qui a oublié qu'elle était une femme » passe des années à s'occuper de son intérieur, mais elle ne sait plus comment on s'occupe de soi. Elle a le sentiment de « tout donner » aux autres. Lorsqu'elle se retrouve seule chez elle, sans enfant, là elle se rend compte de sa solitude, elle pense que son bonheur est derrière elle, et que le temps a passé comme un claquement de doigts. Elle est atteinte du « syndrome du nid vide » : cette étape où les grands enfants quittent la maison pour faire leur vie s'apparente à une « crise », elle est source de tristesse profonde, d'angoisse et de sentiment d'inutilité. Cette femme qui ne se définissait que comme mère n'a plus de quoi se remplir. Ses « petits » l'aiment, mais eux aussi sont partis.

Si son équilibre était fragile depuis l'enfance, ce genre de mère en plein désarroi peut sombrer dans la dépression. D'autant que l'envol du dernier survient au moment de la ménopause, avec tous les effets hormonaux et physiques qui l'accompagnent. Mais si ses fondations psychiques sont solides, le départ de ses enfants, comme un électrochoc retour, va induire chez elle une envie de changer à nouveau…

L'envie de métamorphose

La vitesse à laquelle peut s'opérer la transformation de « celle qui a oublié qu'elle était une femme » dépend de son degré d'ambivalence. Elle a en elle (plus ou moins enfoui) quelque chose qui reste de sa féminité, du fait de séduire, de plaire, d'avoir une vie sexuelle. Le prétexte de faire des enfants n'étant plus d'actualité, si elle envisage maintenant une histoire d'amour avec un homme, c'est qu'elle accepte l'idée d'une relation faite de plaisirs et de sentiments. L'envie est une avancée majeure dans sa reconstruction.

Mais cette femme qui aimerait rencontrer quelqu'un n'évolue pas sur le terrain de la séduction, elle ne se trouve pas jolie, pas intéressante, son estime de soi est tombée dans ses chaussons d'intérieur… Si ses amies lui proposent de sortir, elle n'est pas à l'aise car elle n'a pas les armes qu'il faut pour plaire à nouveau (pour draguer ou se laisser draguer). À cette étape, l'écoute et le soutien de son entourage sont primordiaux tout autant que délicats.

Nota bene aux amis

Le « bouge-toi » et le « fais un effort » (tout comme le « pense à autre chose » en cas de séparation) est inutile autant que contre-productif… Le rôle des amis est de provoquer un déclic, une prise de conscience, un coup de baguette magique…

Exercice pratique : opération relooking extrême !

Si, à l'intérieur de nous, on a envie de plaire, cette capacité séductrice transparaît. Mais parfois il faut un petit coup de pouce pour déclencher cette envie. On a tous vu à la télévision des émissions de relooking total. Le procédé n'est pas stupide, et les psys le conseillent parfois. Car le principe du changement radical est très efficace dans le cas d'une femme qui ne se voit pas telle qu'elle est, et qui se mésestime (c'est aussi valable pour un homme).
Ses amis peuvent lui rendre un immense service en lui organisant des rendez-vous chez le coiffeur, maquilleur, avec un conseiller dans un magasin de vêtements. Les rendez-vous doivent être rapprochés, afin de ne pas s'habituer à sa nouvelle tête à chaque étape. En un ou deux jours la mue doit s'opérer, afin qu'elle considère avec une certaine sidération sa nouvelle image. Se voyant et s'appréciant « autre », elle va accepter de devenir cette autre. Comme un rituel de passage, cette transformation physique peut déclencher une envie de vraiment changer.

Beaucoup de femmes renaissent de leurs cendres... quel que soit leur âge. Elles changent totalement, moralement et physiquement, tout en restant une fois encore elles-mêmes. À partir du moment où « celle qui a oublié qu'elle était une femme » se positionnera comme étant séduisante, une transformation s'opérera dans son attitude, son allure. Elle va aussi apprendre à être à l'écoute d'elle-même, se faire toucher grâce aux massages, redécouvrir la sensualité par la danse ou toute autre activité corporelle...

Sa nouvelle coupe de cheveux, les couleurs vives qu'elle porte, son rire éclatant, ses activités, tout en elle montre que sa vie passée a été enterrée. Elle va envoyer des signaux qui autoriseront la rencontre, et il y a de fortes chances pour qu'un homme vienne la rallumer...

10

L'hyperexigeant(e)

Ce profil étant unisexe, le portrait qui suit met en scène la rencontre d'un homme, Éric, et d'une femme, Anne, qui sont tous deux hyperexigeants...

CE QUE SES AMIS DU LYCÉE DISAIENT D'ÉRIC

Éric est sûr qu'il réussira à se taper la prof d'arts plastiques ! Le mytho !

CE QUE SES AMIES DE LYCÉE DISAIENT D'ANNE

Anne est sûre qu'elle réussira à épouser le prince William d'Angleterre ! La mytho !

CE QUE SON EX DIT D'ÉRIC

À un moment, j'ai dû faire une boulette, c'est sûr : oublier de me maquiller un matin ? avouer que je ne sais pas faire une blanquette ? C'était suffisamment grave pour qu'il me quitte, en tout cas...

CE QUE SON EX DIT D'ANNE

J'ai pas bien compris, mais j'ai dû merder sur un truc. Est-ce parce que j'ai dit que j'avais la trouille de l'avion ? Parlé de ma passion pour le PSG ? C'était suffisamment grave pour qu'elle ne me rappelle plus jamais en tout cas...

CE QUE LA MAMAN D'ÉRIC DIT DE LUI

J'en arrive à un stade où je suis tentée de dire à mon propre fils : « Tu sais quoi ? Le seul critère qui vaille, c'est qu'elle soit consentante... »

CE QUE LA MAMAN D'ANNE DIT D'ELLE

J'en arrive à un stade où je suis tentée de dire à ma propre fille : « Marie-toi d'abord, tu réfléchiras après. »

CE QUE DIT D'ÉRIC LE MODÉRATEUR DU SITE RENCONTRESDEXCEPTION.COM

Des célibataires exigeants, j'en gère des dizaines chaque semaine. Mais c'est le seul qui m'ait demandé par mail : « Comment garantissez-vous que les non-fumeuses le soient vraiment ? »

CE QUE DIT D'ANNE LE MODÉRATEUR DU SITE RENCONTRESDEXCEPTION.COM

Des célibataires exigeantes, j'en gère des dizaines chaque semaine. Mais c'est la seule qui m'ait demandé par mail : « Comment être sûre que vos candidats aient une hygiène corporelle irréprochable ? »

LA SOIRÉE « 100 % COMPATIBLES » D'ANNE ET ÉRIC

20 heures : Anne et Éric ne se connaissent pas encore, mais ils s'engouffrent en même temps dans le tourniquet du grand hôtel où ils doivent passer la soirée. Trois secondes leur suffisent pour se scanner l'un l'autre. La barbe de trois jours d'Éric le disqualifie immédiatement aux yeux d'Anne (elle hait toute pilosité faciale) ; quant à Éric, il n'a jamais été attiré par les modèles réduits « Mon Dieu, comme cette fille est minuscule », pense-t-il en lui emboîtant le pas vers le panneau « Accueil rencontres d'exception » (Anne mesure 1,61 mètre).

Au comptoir, ils récupèrent leurs badges et, sans plus prêter d'attention à l'autre, se dirigent vers la salle des festivités. Une vingtaine de tables rondes, des fleurs, des bougies et, au milieu, la piste de danse, pour le moment déserte. Dans un coin de la pièce, les participants se sont regroupés près du buffet comme des gazelles à un point d'eau et s'observent en se dandinant d'un pied sur l'autre. Si ce n'est pas la première soirée de ce genre pour Anne et Éric, loin s'en faut, c'est en revanche la première organisée par rencontresdexception.com : à 75 euros par personne, ce soir, ils espèrent bien, si ce n'est trouver l'amour, au moins éviter de perdre deux heures avec des losers qui ne cherchent qu'un plan gratos pour la nuit. Le site s'est engagé à ne réunir que des « profils 100 % compatibles », c'est quand même encourageant.

La cloche sonne, chaque participant, sa coupe de champagne à la main, regagne sa table.

20 h 30 : Un Didier vient s'asseoir en face d'Anne. Bon, déjà, elle a horreur de ce prénom. Manquait plus que ça, il

a une propriété agricole dans le Perche. C'est pas la région la plus humide de France ? Au bout de deux minutes, Anne ne l'écoute même plus, s'imaginant grelotter dans une vieille bâtisse qui sent le salpêtre, avec des poules qui donnent des coups de bec sur les étroites fenêtres aux carreaux fendus. Elle en frissonne.

20 h 33 : Éric s'assied à la table de Karine. Elle lui explique qu'elle rêve de vivre à la campagne. La boue, le froid, la solitude, brrrr, autant lui proposer d'aller direct se pendre à une poutre dans une grange.

20 h 37 : Stéphane s'installe en face d'Anne. Joli sourire, ingénieur, 38 ans, séparé mais jamais marié. Rien de rédhibitoire donc mais pourquoi fait-il du bruit en aspirant son Coca ? C'est affreux. Anne, qui n'est pas bornée – ça non ! surtout pas ! –, entend quand même lui laisser une chance. Elle fait semblant de ramasser sa serviette sous la table pour vérifier ses chaussures. Elles sont marron, en similicuir. Exit Stéphane.

20 h 39 : Éric est assis en face de Nathalie depuis trois minutes et, déjà, il en a marre. Elle est jolie, si on veut, mais cette façon de tapoter ses ongles nacrés roses sur la table, c'est pas possible. On dirait qu'elle tente d'écraser un macaron à la framboise au bout de chaque doigt. Les gens n'ont-ils donc aucune conscience que leurs tics parasitent l'attention des autres ?

20 h 43 : Si Anne pouvait, elle quitterait la table en courant. Laurent, 40 ans, ne lui a parlé que de son rêve d'une famille nombreuse (au moins cinq mômes !) depuis le début. Il a raté sa vocation d'assistante maternelle ou quoi ? À 33 ans, elle a envie de tout, sauf de s'imaginer en grande multipare auprès d'un type qui lui en voudrait à mort de ne pas pouvoir allaiter lui-même.

20 h 39 : Éric parle depuis cinq minutes avec Aurore et son cœur déborde de compassion. Bientôt 39 ans, pas

d'enfant, pour elle c'est foutu, se dit-il : jamais aucun homme ne supportera la pression d'une fille à l'horloge biologique en bandoulière. Pas lui, en tout cas, c'est sûr. Imaginons qu'elle n'arrive pas à tomber enceinte ? Passer sa vie avec une dépressive, au secours.

20 h 49 : Anne hésite entre rire et pleurer : elle vient d'expliquer qu'elle était fan de voyages, et son vis-à-vis lui a répondu : « Comme moi ! Je pars chaque été en camping au cap d'Agde. » Clin d'œil à l'appui. Mais c'est quoi, la sélection de ce site ? Elle serait 100 % compatible avec un tocard échangiste ? N'importe quoi.

20 h 51 : Ségolène adore découvrir de nouveaux endroits, du moins c'est ce qu'elle affirme à Éric, tout sourire. Jusqu'au moment où elle explique qu'elle ne prend ni l'avion ni le bateau. Trop dangereux ! C'est quoi, ce site absurde ? Il avait dit : « esprit d'aventure indispensable » sur sa fiche !

20 h 55 : Philippe, 42 ans, prof d'histoire, s'assied face à Anne. Il lui explique qu'il rentre de Cuba... Bien, bien, ça... Mais il précise : parce qu'il fume... le cigare en plus ! À cet instant, si Anne s'écoutait, elle se mettrait l'index et le majeur contre la tempe et tirerait une balle imaginaire.

20 h 58 : Salomé semble aussi belle que drôle, mais son mouvement de main machinal vers son sac intrigue Éric. Elle explique en riant : « Je cherche mes clopes, en fait, c'est plus fort que moi. » Éric, qui a vécu six ans d'agonie avant de réussir à arrêter définitivement, a un mouvement de recul.

21 h 54 : Dix-neuf ! Anne et Éric en sont à dix-neuf rencontres et pas UNE personne qu'ils auraient envie de rappeler. C'est effrayant, le business du célibat est un véritable racket, se disent-ils.

21 h 55 : Il ne reste qu'une table à visiter. Éric reconnaît la minuscule blonde du tourniquet tout à l'heure, l'air de super mauvais poil en plus. Il évite la table et file vers l'accueil pour se plaindre de cette soirée foutage de gueule.

21 h 56 : Il ne reste qu'un candidat. Anne voit s'approcher le barbu de tout à l'heure, le visage encore plus renfrogné qu'à l'arrivée. À son grand soulagement, il bifurque vers la porte au dernier moment.

22 heures : Chacun à un bout du comptoir d'accueil, Éric et Anne demandent à être remboursés : ils ont une formation de juristes tous les deux, ils savent qu'ils sont dans leur bon droit, cette soirée n'est ni plus ni moins qu'une escroquerie organisée. L'un comme l'autre dans sa bulle, ils ne s'entendent ni ne se regardent. De la salle monte le bruit de la soirée qui commence. C'est David Guetta qui l'assure : « *Tonight's gone be a good good night !* » Dommage qu'Éric et Anne restent de dos, chacun de son côté. Dans le miroir, derrière eux, ils verraient que machinalement leurs pieds se sont mis à bouger au même rythme, et pour cause : non contents d'avoir coché exactement les mêmes réponses au questionnaire du site rencontresdexception.com, ils sont tous deux de passionnés, d'infatigables, de merveilleux danseurs.

LES CLÉS DE SON COMPORTEMENT

Dans ce chapitre nous évoquons, pour une question pratique, tantôt l'homme, tantôt la femme, mais chaque paragraphe peut s'adapter aux homosexuels, hétérosexuels, aux femmes et aux hommes… Ce profil est tellement répandu, chacun saura l'adapter à son cas.

Son problème

L'hyperexigeant(e) sait détailler, avec une précision d'horloger suisse, le genre de conjoint qu'il (ou elle) désire. Son caractère très affirmé l'empêche de passer outre ses goûts et ses dégoûts, « je ne vais pas me forcer, quand même ! ». Très à cheval sur tout un tas de principes, il lui est impossible de rester avec un garçon qui met des chaussettes de tennis blanches dans ses mocassins, avec une femme qui va « au » coiffeur, ou qui mastique la bouche ouverte.

Personne ne remplissant avec exactitude les conditions idéales ET nécessaires, l'hyperexigeant(e) rompt après quelques jours ou quelques mois, sans jamais trouver son âme sœur ni passer le cap de la vie à deux.

Ce qu'en disent les psys

N'accepter de donner son cœur qu'à un être qu'on a imaginé, c'est d'abord une protection contre la rencontre et l'intimité avec l'autre. Avoir un idéal, c'est souvent une nécessité, une fixation à un rêve que l'on a imprimé dans son enfance, en relation à ses premiers objets d'amour (la copie de sa mère, de son père, ou son exact opposé). C'est pourquoi cet autre « parfait », que l'on a construit dans notre inconscient, ne pourra jamais exister dans la réalité.

L'hyperexigence, syndrome moderne et sociétal…

De tout temps il y a eu des femmes et des hommes hyperexigeants. Mais jusqu'aux années 70, lorsqu'ils atteignaient la trentaine, la pression de l'entourage était telle qu'ils épousaient, de guerre lasse, le ou la moins pire. C'était la porte ouverte à la frustration et aux amours interdites. Aujourd'hui, heureusement, on a le choix de rester seul sans susciter l'opprobre. Mais cette possibilité de vivre en solo a changé la donne, au point que le célibat est devenu un marché, au sens propre. Les sites internet et les émissions sur les célibataires fleurissent, soumettant l'idée : « C'est moi qui choisis, comme quand je fais mes courses. » Environ dix-huit millions de célibataires en France, c'est effectivement énorme !

Dans notre société de zapping où tout s'enchaîne en accéléré, il est de plus en plus compliqué de construire patiemment une histoire.

En ayant l'impression qu'il y a toujours du choix, l'hyperexigeant(e) flirte avec l'éternelle insatisfaction, comme ceux qui au restaurant préfèrent toujours le plat du voisin. Bien sûr, on est en droit de se demander si l'herbe est plus verte ailleurs. Mais à force de lâcher la proie pour l'ombre, l'hyperexigeant(e) peut rester dans l'ombre…

La check-list irréaliste

Quand elle rencontre un partenaire potentiel, l'hyperexigeante a déjà en tête le genre d'homme qu'elle espère, avec une liste de cases à cocher pour pouvoir le reconnaître, et d'autres pour démasquer les imposteurs prétendant au titre d'« homme de sa vie ».

L'hyperexigeante veut l'excellence dans toutes ses subtilités : beau mais pas gravure de mode, riche mais pas flambeur, cultivé mais pas pédant, drôle mais pas lourd, sportif mais intelligent, entreprenant mais délicat, etc.

Le portrait-robot du Prince charmant tel qu'elle l'a rêvé est si préconçu, qu'il en est désincarné. À chacune de ses rencontres l'hyperexigeante plaque inconsciemment un papier-calque sur son modèle, pour vérifier qu'il en est l'exacte copie. La réalité n'étant jamais ce qu'elle a imaginé, à chaque fois elle espère... puis tombe de haut, et cherche un nouveau modèle.

Ce qui fausse tout, c'est cette idée qu'il y a « la » bonne personne (l'unique) dans le monde entier : la fameuse moitié ! Merci, Platon...

Le mythe de l'androgyne de Platon

Platon a écrit, environ 380 ans avant J.-C., *Le Banquet*, constitué de discours portant sur la conception de l'amour et ses vertus. Le mythe de l'androgyne en fait partie, il est à l'origine de l'idée que notre moitié parfaite existe quelque part sur la Terre.

En voici la synthèse : jadis il y avait trois espèces d'hommes : le mâle, la femelle et l'espèce androgyne, formée du mâle et de la femelle en un seul être. Avec deux visages semblables, quatre mains, jambes et bras, l'espèce androgyne était parfaite, d'une force, d'une vigueur et d'un courage extraordinaires. Les androgynes décidèrent d'affronter les dieux en escaladant le ciel. Sacrilège !

Afin de punir leur insolence, Jupiter les coupa tous en deux. Quand leur corps fut divisé, chaque moitié chercha désespérément à retrouver son autre partie. C'est de ce

moment que datent le désir et l'amour des êtres humains : ils tendent à recomposer leur nature originelle, s'efforcent de fondre à nouveau deux êtres en un seul, et de guérir la nature humaine.
Une seule moitié serait l'exact complément de notre être, à nous de la retrouver ! Plus fort qu'un conte de fées, Platon a foutu le bazar...

L'hyperexigence physique de l'homme

Avoir à son bras une belle personne est une préoccupation surtout masculine, et tous les hommes jeunes rêvent de conquérir de très jolis trophées. Leur excitation sexuelle étant d'abord visuelle, l'apparence revêt beaucoup d'importance pour eux. Avec le temps ils s'aperçoivent que la beauté ne fait pas leur bonheur (voir le chapitre 4, « La nunuche »), et que le charme dure davantage.

Cependant, certains hommes mûrs restent toujours aussi exigeants sur le physique de leur compagne. Ils veulent un canon ou rien du tout. Ils déclarent rechercher une femme hyperféminine, mais leurs critères de beauté (genre mannequin) sont des critères d'image. Ils désirent une poupée de cire coulée dans le botox, et on peut voir derrière leur demande du « rien qui dépasse », ni poil-ni ride-ni bourrelet, une préoccupation hygiéniste qui n'est pas en relation avec la vraie féminité. Ils se rapprochent par ce trait de caractère du « vieux garçon » (voir le chapitre 13).

Le narcissisme d'un homme s'épanouit quand il s'affiche avec une jolie fille. Au regard des autres mâles, il envoie l'image d'un homme de grande valeur, puisqu'il a su conquérir celle que chacun convoitait.

Pourquoi certains hommes ne s'imaginent-ils pas aimer une femme forte, même s'ils sont eux-mêmes en surpoids ?

Pourquoi d'autres vieillissants ne se conçoivent qu'auprès d'une jeunette ? C'est parce que l'image que leur renverrait leur compagne leur serait insupportable. Contrairement à ce qu'on croit, ce n'est pas parce qu'il se surestime qu'un garçon laid exige une jolie femme. C'est au contraire parce qu'il a une piètre estime de soi, qu'il ne peut voir à son bras quelqu'un qui serait le reflet de son « bas niveau ».

Heureusement, la plupart des hommes trouvent belle celle qu'ils aiment, même si c'est une fille que personne ne remarquerait dans la rue. L'amour embellit tout, change nos perspectives habituelles, ce qui est une bonne chose : s'il y avait trop de sélection « à la source », l'humanité serait dépeuplée !

Une désidéalisation insupportable

Dans toute histoire d'amour le début est merveilleux, passionné : on se raconte, on s'attire, on se renifle, se quitter quelques heures est une souffrance et le retrait des autres est nécessaire. Plus tard arrive ce qu'on appelle la « désidéalisation », cette période où le soufflé retombe un peu, mais qui permet de dormir avant 2 heures du matin, de répondre à sa mère au téléphone, de se concentrer sur son travail, bref, de mettre à une distance réaliste son nouvel amour. Notre regard sur l'autre change, on s'aperçoit qu'il ne peut pas combler toutes nos attentes, et ce processus permet d'entrer ensuite dans la vraie relation.

Chez l'hyperexigeant(e), cette période arrive très rapidement, quelques mois tout au plus. Prenons l'exemple d'une femme chez qui le potentiel est plus important que la réalité : pour elle, la probabilité d'une histoire, le cinéma qu'elle s'invente avec la relation dont elle rêve prime sur ce qu'elle vit... Elle va s'accrocher au petit « détail qui tue » et prendre ses distances à la moindre anicroche (anniversaire oublié, mauvaise coupe de cheveux, ex qu'elle juge trop présente…, elle ne « passe » rien). Même si elle s'estime ouverte d'esprit et tolérante, sa déception grandit jour après jour et tôt ou tard, effet « goutte qui fait déborder le vase » oblige, sa frustration sera telle qu'elle provoquera la rupture.

Le train sifflera trente-neuf fois : alerte à l'horloge biologique !

Une femme qui à l'approche de la quarantaine, n'a pas d'enfant et n'a jamais vécu en couple, doit se questionner sur l'origine de son célibat. Pour reprendre l'idée des trois listes (voir plus loin), elle peut inverser les rôles pour imaginer l'effet qu'elle fait quand un homme la rencontre : à moins que son physique de jeune fille ne lui permette de tricher sur son âge, c'est comme si elle avait un panneau « WARNING » clignotant au-dessus d'elle.

Dans notre société, après 35 ans, une femme qui n'est pas mère est suspecte. Et très vite dans la conversation, la question qui tue va tomber : « Pourquoi n'as-tu pas d'enfant ? En veux-tu ? » On n'a aucune envie de mentir à quelqu'un qui nous plaît, mais parfois il est compliqué de dire la vérité. Passé un certain âge, le désir de maternité peut devenir une véritable obsession (même si avec les progrès de la PMA, la procréation médicalement assistée, on a grignoté un peu de marge) que les hommes détectent, tout simplement en faisant leur calcul. Un garçon qui, lui, n'est pas pressé par l'horloge biologique, veut en priorité être envisagé comme un compagnon plutôt que comme un géniteur potentiel. Le constat est cruel : quelles que soient ses qualités, la femme de 39 ans sans enfant fait fuir tous les hommes. À méditer par les hyperexigeantes de 30 ans…

Exercice pratique : les trois listes

Liste 1 : La liste de vos envies

Vous savez exactement ce que vous attendez de votre Prince charmant (ou Princesse charmante) : grand, fort, riche, intelligent, croyant, bon skieur, cuisinier, danseur... Alors verbalisez votre check-list et écrivez-la. Faites-vous aider de vos amis, inscrivez en détail ce que vous exigez à tout prix, et dessinez une petite case devant chaque adjectif.

Une fois la liste de vos envies écrite devant vous, interrogez-vous : est-il possible de trouver tout ça chez une seule personne ? Aïe !

Liste 2 : La liste retournée

Quand on est hyperexigeant, ou oublie souvent une chose essentielle : dans le domaine de la séduction, on est deux à choisir. Et on peut être l'objet de l'hyperexigence de quelqu'un d'autre...

En vous mettant à la place de votre Prince charmant (ou Princesse charmante), relisez votre propre liste (celle de vos envies), en vous demandant si vous correspondez à vos propres demandes. Aïe !

Liste 3 : La liste rédhibitoire

Après ces deux petites prises de conscience, écrivez les défauts, comportements, manies impossibles à accepter chez l'autre. En vous relisant, il peut y avoir deux ou trois choses non négociables, mais pas dix. Vous devez avoir des priorités. Rayez tout ce qui est fait pour éliminer bêtement les prétendants (doit mettre des chaussettes rouges, doit se lever le samedi après 10 heures, etc.). Ne conservez que ce qui a du sens. Et, à la prochaine rencontre, ne vous souvenez que de cette dernière liste !

Celle et celui qu'il nous faut

On voit dans le chapitre 2 « Celle qui fait peur » qu'il existe une hiérarchie de la séduction. On observe aussi qu'on ne fait pas la connaissance de n'importe qui, n'importe quand, et que les rencontres sont socialement déterminées. Le choix n'est pas si large que l'on croit. Il y a des milieux qui ne se croisent pas, par exemple les riches ne fréquentent pas les mêmes endroits, les mêmes écoles, les mêmes lieux de vacances que les gens moins fortunés qu'eux.

On rencontre et on aime surtout ceux qui nous ressemblent, qui ont des codes sociaux et des références culturelles similaires. Et le fait qu'on apprécie plus ou moins les mêmes choses se révèle très important à long terme, dans la vie de couple.

Passées les amours « improbables » qui servent à faire bisquer ses parents, avec la maturité on finit par préférer rencontrer des gens du même univers que soi. On peut bien sûr tomber amoureux de quelqu'un qui vient au départ d'un milieu différent, mais qui a évolué en grandissant dans le même sens que nous (on se rencontre à la fac, à l'école d'archi, dans notre cours de zumba, ou en défilant dans la même manif…).

Se battre au quotidien sur nos idées politiques, critiquer notre façon de manger, négocier nos goûts et notre look, épuise n'importe qui et amène à la rupture. Avoir comme idéal un intellectuel BCBG un peu coincé quand on a gagné (haut la main et presque à jeun) le titre de Miss Camping La Bourboule 2013, est-ce bien raisonnable ? Vouloir à tout prix épouser une jolie blonde juive orthodoxe, mais qui s'habillerait comme une chanteuse de R'n'B a-t-il du sens ?

Pour changer : sortir de son idéal

Tout le monde à un genre. Il y a des hommes que l'on trouve beaux alors qu'ils ne font ni chaud ni froid à notre meilleure amie (tant mieux...). On peut préférer « les mecs bruns et virils » sans pour autant être hyperexigeante. C'est large et vague, « brun et viril », ça n'élimine pas 90 % de la population, et surtout ça n'interdit pas de se marier avec un blond ! Beaucoup vivent un amour immense avec des personnes qu'ils ne pouvaient pas imaginer compatibles au départ.

Beaucoup d'hommes disent ne pas vouloir être avec une femme qui a déjà des enfants. Mais la moitié d'entre eux, s'ils ont la quarantaine et plus, rencontrent des mères de famille qui les attirent tout de même ! Ils s'embarquent dans l'histoire d'amour, et très souvent ça se passe très bien. Les idées préconçues de ce qu'on veut ou pas sont le terreau le plus fertile... de la solitude.

Laissez grandir une histoire d'amour, et plus tard vous verrez bien si l'homme ou la femme qui partage votre vie correspond à vos listes et vos petites cases ! Le contraire est impossible...

11

Le flippé de l'engagement

CE QUE SON EX N° 1 DIT DE LUI

La dernière fois que j'ai eu des nouvelles de Pierre, c'était en mai 2005, le jour où je lui ai dit : « Je t'aime. »

CE QUE SON EX N° 2 DIT DE LUI

La dernière fois que j'ai eu des nouvelles de Pierre, c'était en septembre 2007, le jour où je lui ai dit : « Mes parents t'invitent à dîner vendredi. »

CE QUE SON EX N° 3 DIT DE LUI

La dernière fois que j'ai eu des nouvelles de Pierre, c'était en décembre 2008, le jour où je lui ai dit : « C'est idiot, ces deux loyers, si on partageait un appart ? »

CE QUE SON EX N° 4 DIT DE LUI

La dernière fois que j'ai eu des nouvelles de Pierre, c'était en avril 2010, le jour où je lui ai dit : « C'est elle ou moi. »

CE QUE SON EX N° 5 DIT DE LUI

La dernière fois que j'ai eu des nouvelles de Pierre, c'était pour mes 29 ans, en août 2011, le jour où je lui ai dit : « J'ai toujours pensé que si je n'étais pas mariée à 30 ans, j'aurais raté ma vie. »

CE QUE SON EX N° 6 DIT DE LUI

La dernière fois que j'ai eu des nouvelles de Pierre, c'était en mars 2012, le jour où je lui ai dit : « Je crois bien que je vais arrêter la pilule. »

CE QUE SA MÈRE DIT DE LUI

Pierre est le meilleur des fils. Une seule chose me chiffonne : nous avons quand même vécu vingt-huit ans sous le même toit et il ne m'a jamais présenté de copine. Vous pensez qu'il me le dirait, s'il préférait les garçons ?

IL EST LIBRE, PIERRE

9 heures : Ce matin, en choisissant ses vêtements pour la journée, Pierre fait un effort particulier. Un peu parce qu'il a l'espoir de vendre une grosse maison à un couple qui revient pour la contre-visite, beaucoup parce que c'est le jour de ses 35 ans. À ses proches, il a demandé de ne rien organiser, vraiment, il n'est pas du tout branché « symboles », pas le genre à se dire qu'à son âge, James Dean, Kurt Cobain et Jimi Hendrix étaient morts depuis longtemps... En revanche, connaissant la bande, il est tranquille, le happening peut tomber à n'importe quel moment de la journée !

9 h 30 : En descendant de sa moto devant l'agence, Pierre vérifie son téléphone. Seule sa mère lui a souhaité son anniversaire. Bizarre. Aucun texto de ses ex – ça encore il peut le comprendre, les filles sont tellement rancunières – mais, plus surprenant, pas de message de Clara, pourtant sa copine depuis plus de huit mois... Peur de la gaffe, à l'évidence : à tous les coups, en rentrant chez lui, il trouvera trente potes planqués derrière le canapé. Clara n'a pas les clés, mais maligne comme elle est, elle aura récupéré le double de la sœur de Pierre.

9 h 35 : Nicole, l'assistante historique de l'agence, l'accueille en poussant un hurlement de joie, comme s'il venait d'être libéré de six ans de détention chez les FARC. Parfois, Pierre se demande s'il ne préfère pas quand la quinquagénaire bipolaire passe en mode déprime. « C'est un grand jour ! 35 ans, c'est magnifique ! » claironne-t-elle les mains jointes, quand soudain, elle s'arrête et le fixe : « Pardon, j'oubliais, vous n'êtes toujours pas marié, vous finirez dévoré par vos chats, comme moi », sanglote-t-elle brusquement, alors que les clients de Pierre poussent la porte de l'agence. À la réflexion, le

vendeur se dit qu'il préfère quand Nicole est en mode hystéro. Il exfiltre le couple en vitesse, destination « la maison de leurs rêves », assure-t-il.

10 heures : Pierre a bien étudié leur dossier : l'homme est né un an avant lui, la fille n'a même pas trente ans... et ils ont déjà deux enfants. Les gens sont fous, qu'auront-ils fait de leur jeunesse, se dit-il, tandis qu'il ouvre la porte de la longère XVIIIe avec un air à peu près aussi réjoui que Nicole trente minutes plus tôt. C'est vrai que la maison est magnifique, mais l'idée de se mettre trente ans d'emprunt sur le dos, comme tant de ses amis sur-maqués, autant se pendre tout de suite aux poutres apparentes du « salon cathédrale ». Nonobstant, il fait le show, parle volumes, espace, vante à nouveau la possibilité de créer une cuisine américaine « tellement pratique avec des petits » et souligne « la possibilité de quatrième chambre dans les combles, sait-on jamais », sourire gourmand. « Ils sont grands, les vôtres ? » demande la cliente. Le rictus de Pierre se fige.

10 h 30 : Tandis que le couple arpente le jardin en chuchotant, Pierre, qui sent, qui sait qu'ils vont faire une offre, vérifie ses messages. Ah, enfin ! Un texto de Clara : « Bon anniversaire, mon amour ! Devine quoi ? On se retrouve chez toi à 20 h 30 pour un petit dîner rien que toi et moi ! » Pierre a un fin sourire. Bingo ! Il avait vu juste, ce soir, c'est superfiesta avec les potos !

16 heures : De retour dans le centre-ville, Pierre fait visiter un appartement à deux jeunes qui se donnent des « mamour » et des « mon cœur » littéralement crispants. Les clients demandent pourquoi le propriétaire vend : Pierre élude, se gardant bien de dire la vérité – « Dans le cadre d'un divorce sanglant, ils sont obligés de brader en trois mois le patrimoine qu'ils ont mis des années à construire ». Son expérience professionnelle lui a appris une chose : on n'a d'emmerdes de famille que si on a une famille...

17 heures : Nouvelle visite avec une jeune femme, son bébé suspendu sur le ventre. Elle a du mal à atteindre la mezzanine

du deux-pièces avec son fardeau, aussi Pierre propose-t-il de lui tenir l'enfant. Par chance, le marmot n'est pas trop répugnant, pas trop baveur, plutôt mignon, même. Pierre lève le bébé dans les airs, façon Roi Lion, en se disant qu'il a de la chance que Clara ne le voit pas, ça pourrait lui donner de mauvaises idées. À cet instant, le mioche vomit sur la belle veste de Pierre, qui le rend à sa mère en retenant un haut-le-cœur. Côté « nains », il n'est décidément pas mûr.

18 heures : Le couple de ce matin a fait une offre pour la longère… Yes ! Et les copains, petit à petit, ont tous laissé des messages, disant des trucs comme « Bon 35e, désolés de rien t'avoir organisé, mais le petit est malade » ou « Trop crevés pour bouger, mais promis, on remet ça à samedi », « C'est le rush mais Laeticia et moi t'embrassons »… Ben tiens ! À d'autres ! Pierre sait que, même si parfois ses potes ont tendance à jouer les petits couples rabat-joie, ça ne peut être qu'une diversion, ils auront tout préparé avec Clara. Quelle rigolade !

20 h 40 : Pierre sonne chez lui, charitable, histoire de laisser le temps à tout le monde de se planquer dans la cuisine. Les pas de Clara trottinent jusqu'à la porte. Le jeune homme sourit, c'est exactement ce qu'il pensait, sa sœur lui aura filé les clés. Clara se jette dans ses bras et le guide jusqu'au salon, en lui demandant le fermer les yeux. Pierre se laisse guider, ému, en serrant très fort la petite main dans la sienne. Elle est quand même si tendre, si prévenante, sa Clara ! Puis il ouvre les yeux : une banderole barre la pièce : « Épouse-moi mon amour ». Pierre éclate de rire, quelle bonne blague ! Mais personne ne jaillit de la cuisine, aucune musique ne s'élève, aucun bouchon de champagne n'explose, seul un couvert pour deux est préparé sur la table basse, avec, dans chaque assiette, une verrine de saumon à l'avocat. Pierre la regarde et se dit que cette espèce de mousse rose et verte, c'est exactement le symbole de l'avenir que Clara lui propose. Son casque toujours à la main, il tourne les talons et s'enfuit en courant vers sa moto. Ce soir, Pierre fêtera ses 35 ans libre. Et seul.

LES CLÉS DE SON COMPORTEMENT

Son problème

Le « flippé de l'engagement » est un homme qui sait aimer sans entraves, mais qui, mis au pied du mur par sa compagne pour construire et avancer vers l'avenir, est pris de panique et recule. Si ce n'est lui qui s'enfuit, ses conquêtes se lassent d'attendre et finissent par le quitter.

Ce qu'en disent les psys

Beaucoup de raisons empêchent un homme de s'engager : les contraintes de la vie à deux, le poids des responsabilités d'époux et de père, l'incapacité à renoncer aux autres femmes... Il s'agit surtout d'une réticence à occuper sa place d'homme, telle que notre société la conçoit. Se marier, devenir père, puis grand-père, s'inscrire dans l'ordre des choses, c'est aussi accepter de vieillir et à terme affronter la mort...

On recense deux grands profils de « flippés de l'engagement ». Leurs motivations sont différentes, mais au final ils présentent les mêmes symptômes.

Flippé 1 : L'ado attardé

Celui-là a sûrement eu des parents aimants qui n'ont pas su le pousser hors du nid. Hyperprésents, trop protecteurs, ils lui ont fait intégrer que le monde extérieur était effrayant.

On parle du phénomène « Tanguy », en accusant le jeune adulte de squatter le foyer familial, mais souvent les parents complices ne souhaitent pas eux-mêmes l'émancipation de leur petit chéri. Lorsqu'on protège trop son fils, il a peur de grandir et ne voit aucun intérêt à devenir responsable. Il va rester un homme-enfant, bloqué au stade de l'imaginaire, un ado attardé vivant sans contraintes, continuant à rêver sa vie plutôt que de la vivre.

La libération sexuelle a sonné le glas des chaperons, mais les jeunes baby-boomers devaient quand même se cacher de leurs parents pour faire l'amour hors mariage (dans une voiture, une salle de cinéma ou autre endroit d'un confort relatif). Aujourd'hui ils peuvent avoir des relations sexuelles sous le toit de leurs aînés… avec même leur assentiment, et des draps bien repassés !

On ne saurait blâmer ceux qui entretiennent la chaleur du cocon familial. Mais ils doivent comprendre qu'un jeune qui n'a que des avantages à vivre chez eux, avec zéro contrainte (son salaire lui sert d'argent de poche, son linge et ses repas sont pris en charge, aucun horaire n'est imposé…), ne ressentira aucun intérêt à partir.

Flippé 2 : L'éternel indécis

S'engager avec une femme, c'est LA choisir et renoncer aux autres, ce qui s'avère presque infaisable pour qui a du mal à prendre une décision. C'est la confiance des parents à notre égard qui développe notre aptitude à faire des choix.

Un homme incapable de s'affirmer est souvent quelqu'un à qui on a tout imposé petit. Les parents ont bien du mal à laisser leurs enfants commettre des erreurs (de goût, de choix de copains…). Mais si on veut les protéger d'eux-mêmes, mieux vaut éviter de donner notre avis et d'invalider leurs points de vue, car nos enfants ont confiance en notre jugement. Encourageons-les à choisir, félicitons-les lorsqu'ils achètent un vêtement immonde avec leur argent de poche ! Sinon, ils se sentiront incompétents et peu sûrs d'eux... même lorsqu'il s'agira de la femme de leur vie.

L'homme qui refuse de grandir : un comportement récent

Jusqu'aux années 60/70, les hommes n'avaient pas peur de grandir, d'ailleurs ils ne se posaient même pas la question : ils n'avaient pas le choix. Leur vie était imposée par l'environnement extérieur, avec ses contraintes et ses obligations (liées aux appartenances sociales, religieuses, professionnelles, etc.). Ils étaient éduqués avec l'idée qu'ils devaient partir (une bouche de moins à nourrir), ils commençaient à travailler à 16 ans, et craignaient de devoir faire la guerre un jour (nous faisons partie des premières générations de l'Histoire qui n'en ont pas connu). Les rituels de passage séquençaient l'existence (bar-mitsva ou communion, service militaire, maison close, etc.), et pour être considérés en tant qu'adultes, les hommes avaient hâte de devenir autonomes et responsables. Aujourd'hui, plus aucun rite obligatoire ne permet d'être considéré comme un adulte par la communauté. On a 18 ans, on est pénalement responsable, point barre.

La société actuelle favorise davantage le plaisir que la contrainte, et nous autorise à nous pencher sur nous-même et nos désirs. Comme on nous dit que « pour être heureux il faut être libre », tous les liens affectifs – à commencer par le lien amoureux – sont soupçonnés d'entraver cette indépendance. Passer soudainement d'une totale insouciance étudiante à une vie de responsabilité est violent, car il n'y a pas d'intermédiaire.

> Beaucoup de jeunes couples, alors qu'ils entrent dans la réalité de la vie à deux, ont du mal à négocier et à accepter que l'autre empiète sur leur propre liberté. Ils consultent un thérapeute de couple de plus en plus tôt, et passent rarement le cap des trois ans, un phénomène qui n'existait pas auparavant.

Le mariage, le plus fort des engagements

Il existe encore une forte représentation sociale du mariage, car elle est inconsciemment perçue comme une étape de passage à l'âge adulte.

Lorsqu'il se marie, un homme s'engage psychologiquement en faisant officiellement une promesse devant tous ses proches, mais aussi devant la société qui lui donne alors un nouveau statut.

Les couples qui se séparent sont nombreux. Pour autant, cela n'est pas si facile et divorcer fait peur. Rompre peut faire écho – chez un enfant de parents divorcés ou absents – à d'autres ruptures anciennes. Et puis s'engager dans les liens du mariage, c'est dire à l'autre, devant tous : « Je suis quelqu'un de confiance. » En divorçant, quelles qu'en soient les raisons, on trahit cette parole, y compris vis-à-vis du groupe familial auquel on s'est souvent attaché. Parfois un garçon a peur de s'engager car il craint de se dédire un jour.

Être ou ne pas être père ? Telle est la question…

On peut rêver d'être père tout en ne voulant pas avoir d'enfant, c'est-à-dire désirer incarner dans l'absolu l'image du patriarche, tout en n'acceptant pas la charge et les contraintes qu'implique un petit au quotidien. Il est vrai que sur les épaules des hommes repose encore la responsabilité de « faire vivre » leur famille. De fait, avant de devenir père, le « flippé de l'engagement » s'oblige à bien gagner sa vie, asseoir sa carrière, finir de rembourser ses emprunts… Dans l'incapacité de se projeter dans ce rôle, il s'impose des conditions titanesques, plutôt que d'avouer sa peur de ne pas être à la hauteur.

Si une grossesse se présente malgré lui, c'est un cataclysme, et il va être tenté de fuir. Mais souvent, le flippé de l'engagement devient un papa heureux lorsqu'il prend conscience que son bébé n'implique pas autant de changement qu'il le craignait.

La lassitude du bon plaisir

Un jour, le « flippé de l'engagement » en a assez d'être simplement tourné vers son bon plaisir. L'homme qui, pour ne pas se fixer avec une seule femme, change de maîtresse tous les six mois s'aperçoit qu'il est entré dans une routine, justement en voulant l'éviter.

Il y a un moment où ne penser qu'à soi montre ses limites, et le « flippé » se rend compte qu'il tourne en rond, pris au piège d'un mode de vie qu'il a pourtant choisi. Avec le temps qui passe, il s'aperçoit que la vie sans contrainte est une liberté illusoire. Comme s'il en avait fait le tour, il sature de son statut de patachon.

Et puis il y a le poids de la solitude ; ne pas partager les événements forts de l'existence leur donne un goût amer… Un homme a besoin que l'on prenne soin de lui, surtout lorsqu'il vieillit. Il lui manque quelqu'un à qui se consacrer, il a mûri et se rend compte, en voyant ses amis en couple, que l'engagement a aussi du bon.

Il peut enfin envisager de fermer la fenêtre de cette période de répétition infernale, et en ouvrir une autre.

Exercice pratique : déterminer le bon casting

Quand on a peur de s'engager par crainte de perdre sa liberté d'action, mieux vaut lister, alors qu'on est toujours célibataire, les menus plaisirs et les activités auxquels on tient plus que tout. Le jogging du matin, la partie de poker du jeudi, le déjeuner du dimanche chez les parents...

On se rend vite compte que la vie à deux est tout à fait compatible avec ses exigences... à condition que l'autre aussi ait envie de sortir de son côté ! Un couple épanoui est composé de trois entités : toi + moi + nous. Chacun doit conserver sa personnalité, ses aspirations, ses goûts propres, afin de créer un « nous » équilibré et durable.

Le « flippé de l'engagement » doit être très vigilant dans son « casting », et fuir à tout prix les femmes fusionnelles. Quand on est paniqué à l'idée de vivre dans la contrainte, mieux vaut rencontrer une personne tout aussi indépendante que soi. Une fille épanouie dans son travail, avec une vie sociale riche et satisfaisante, le comprendra, respectera sa liberté et son espace.

En revanche, une femme qui ne travaille pas, peu sociable et plutôt solitaire, l'attendra toute la journée en soupirant et il renoncera peu à peu à ce à quoi il tient par amour pour elle... avant de lui reprocher de l'avoir étouffé.

L'enfer, c'est soi-même : positiver le couple

Pour supporter les contraintes du couple, il faut avoir compris que ce qu'il peut apporter comme avantages est supérieur aux inconvénients. Vivre à deux, c'est accepter l'altérité. L'être aimé étant différent, il nous fait explorer des zones que l'on n'aurait pas abordées tout seul, il nous permet de sortir de la répétition des mêmes choses. Sans le couple on met en place des habitudes, des rituels, des parcours obligés (la boîte du samedi soir, le foot du dimanche avec la bande, le dîner du lundi chez tante Nicole), rien n'est plus routinier qu'une vie de célibataire !

Le « flippé » doit travailler avec un thérapeute sur ses peurs (d'avoir des enfants, d'être avec la même femme, qu'elle ne l'aime plus au bout d'un moment, de reproduire une famille dysfonctionnelle...) pour les évacuer. Il doit aussi prendre conscience qu'il ne pourra jamais avoir le beurre (la confiance, la sérénité) et l'argent du beurre (avoir envie d'aller voir ailleurs, ne pas rendre de comptes, ne jamais rien programmer...). Le « flippé » va donc devoir apprendre à choisir, et donc à renoncer.

Ce qui donne envie de sauter le pas

L'engagement amoureux stable et serein est nimbé de tranquillité. On a envie de s'engager quand on ne se sent pas emprisonné par l'exigence de la personne qu'on aime, sa façon de vivre. Avec cet autre on ne craint ni la dépendance, ni l'aliénation, on ressent une telle confiance que l'on se permet d'être soi-même.

On éprouve une sensation de bien-être intérieur, une très grande assurance dans le fait que le couple puisse durer longtemps, et on n'a pas du tout envie d'aller regarder ailleurs. On est sûr d'avoir trouvé « la » bonne personne, celle qu'il nous faut pour notre projet de vie, et cette certitude ne nous angoisse pas. On partage les mêmes valeurs, et comme une évidence naissent des rêves d'avenir (qu'on pouvait dédaigner auparavant) : avoir des enfants, les éduquer, construire une maison, etc. On ne craint pas de se projeter pour la vie avec une seule personne, et du coup on n'a pas peur de vieillir à ses côtés.

12

Le bon pote rigolo

CE QUE LES GENS QUI LE RENCONTRENT DISENT DE LUI
C'est le mec le plus sympa de la terre, non?

CE QUE SES COPAINS DU LYCÉE DISAIENT DE LUI À 18 ANS
Il vaut mieux l'avoir en photo que devant soi à la cantine, mais qu'est-ce qu'il est drôle, ce con!

CE QUE SON PATRON DIT DE LUI
Même si, personnellement, ce garçon m'épuise, je dois reconnaître que les clients l'adorent.

CE QUE SA MÈRE LUI RÉPÈTE
Au lieu de faire l'andouille, reprends donc du flan, mon fils!

CE QUE DIT SON BEAU-FRÈRE, COMMERCIAL CHEZ DEMECO
J'adore Max, mais là, il en est à son vingt-neuvième déménagement gratuit. À trente je l'attaque pour concurrence déloyale.

CE QUE LE VENDEUR DE CHEZ GAP DIT DE LUI
Un jour, je réussirai à lui vendre autre chose qu'un bas de jogging trop grand, c'est mon défi personnel.

CE QUE LES FEMMES DISENT DE LUI
Max, c'est plus un mec avec qui on sent qu'on pourrait dormir qu'un mec avec qui on sent qu'on pourrait coucher.

CE QUE SA MEILLEURE AMIE DIT DE LUI
Maxou, c'est une sorte de BFF (Best Friend Forever) en moins chiante et avec un zizi.

MAX À LA NOCE

22 heures : « Tant va la cruche à l'homme, qu'à la fin, elle se case », c'est par ce dicton un poil revisité que démarre le quatorzième discours de mariage de Maxime, mieux connu sous l'un de ses nombreux alias : Max, Maxou, Maxiton, Maxouille et même, dans son équipe de rugby, sous le doux sobriquet de « Dantonku », en référence à la finesse de sa réplique culte (T'es où ? Dans ton cul).

22 h 02 : Comme les treize fois précédentes, dès les premiers mots du « pire pote » des époux, la salle est écroulée. Même Julia, la mariée, doit se détourner afin d'essuyer ses yeux avec son voile. Impossible de résister à Max la tornade, à son rire tonitruant, à ses vannes, toujours désamorcées par une bienveillance qui fait pétiller ses yeux ronds comme deux billes de jais.

22 h 04 : Max a la gorge sèche. Il se désaltère en buvant cul sec le verre de champagne que lui tend une main anonyme. Le quatrième, cinquième, sixième de la soirée ? Et alors ? Quand Max aime, il ne compte pas. Et le champagne, il aime.

22 h 05 : Toujours au micro, il croise le regard d'une fille qui lui sourit. Tiens, c'est qui celle-là ? Ah oui, Lilou, la petite cousine de Yann. Super jolie. Pourquoi elle le mate comme ça ? Encore une qui doit avoir un frigo à déménager.

22 h 10 : Le discours se termine sous les ovations des invités. Témoins et marié unissent leurs forces pour soulever les 110 kilos de Maxou au-dessus de la foule. Il se retrouve dépoitraillé, bidon à l'air, mais il s'en fout et hurle de rire plus fort que les autres. Dans l'assistance, Lilou le regarde

toujours. Max se dit qu'une fille aussi belle... ça doit être un piano qu'elle veut lui faire transporter.

22h30 : Les mariés font la tournée des tables, suivis de Max à genoux, qui prétend mordicus être leur enfant caché.

23 heures : Max se rassoit enfin à sa table, après avoir serré 29 mains, embrassé 99 joues (chez lui, c'est 3 fois) et distribué 42 « high five », dont 21 à des enfants et 3 à des serveurs. Nouveaux époux mis à part, il est le plus gros « people » de la soirée. Sauf que pour lui, le tour d'honneur a lieu chaque fois.

23h45 : Après la pièce montée, dont Max a remplacé les figurines traditionnelles par une Barbie et un Ken emboîtés tête-bêche, c'est l'heure d'une nouvelle surprise concoctée par le témoin vedette. Cinquante amis et collègues de Julia et Yann défilent sur l'écran de la salle, en un lip-dub tendre et drôle à la santé du couple. Une vidéo qui aura pris deux semaines de boulot à Max. Tandis que les mariés essuient une larme, Lilou s'approche de lui pour le féliciter. Max se demande s'il ne transpire pas trop, lorsqu'il est sauvé par le gong ou plutôt, la musique... Party time ! Il se lève d'un bond, évitant tout tête à tête avec Lilou.

23h46 : Max est le premier sur la piste. En douce, il a revu la playlist du DJ et dégagé tous les morceaux trop pointus : depuis le temps, il sait ce qui est efficace pour faire décoller plusieurs générations de leur siège en même temps.

Minuit : Sous le regard faussement courroucé de Yann, Max danse la lambada avec la mariée. Contre toute attente, il déplace son importante carcasse en rythme, et même avec une grâce de ballerine. Bientôt, tout le monde est debout.

0h06 : Max invite la mère du marié à danser sur une samba. Avec succès.

0h09 : Max invite le père de la mariée à danser sur « Dancing Queen » d'Abba. Sans succès.

0h47 : De loin, Lilou observe six filles déchaînées autour de Max : elle ignore que ce sont ses copines de toujours, avec qui il n'a jamais couché, ou si peu. Il y a bien eu le fameux soir, bourré, avec Yasmina… mais le lendemain matin, ils avaient préféré en rire et ne plus jamais en reparler. Enfin, elle, surtout.

1 h 05 : Sur l'écran de la salle, les clichés de la soirée passent en boucle. Max est sur presque toutes les photos, bras en l'air, verre en l'air, cheveux en l'air et même, sur deux d'entre elles, fesses en l'air. Lilou décide d'aller sur la piste, tant pis pour les bombasses, il a un sourire trop craquant.

1 h 07 : Les mariés s'embrassent sous les ovations. C'est le signal pour Max : soirée open kiss ! hurle-t-il à la cantonade en levant son huitième, neuvième, dixième verre de champagne ?

1 h 08 : Tout le monde embrasse tout le monde sur la bouche. Tout le monde, sauf Max. Lorsque Lilou s'approche de lui, il attrape son bras et la dirige droit vers son copain David. « Qu'est-ce qu'il y a, je te plais pas » ? lui glisse la jeune fille. Alors que Max va lui répondre : « C'est le contraire, tu me plais trop », le frère du marié arrive et lui hurle à l'oreille : « Alors, Maxiton, on se la fait péter, cette chenille ? »

1 h 58 : Bilan à mi-parcours. Max a coché les cases suivantes : la chenille, c'est fait. Les serviettes qui tournent aussi. Le petit bonhomme en mousse, idem. Le DJ passe des slows et Lilou est toujours là, à le regarder. Max s'approche d'elle et écarte enfin les bras. La jeune femme sourit et s'avance. Ils sont interrompus par la bande de filles qui veulent danser un slow à dix. Max les rejoint, pas le cœur de décevoir ses copines.

4 h 38 : Le témoin a dû ingurgiter l'équivalent d'un camion-citerne de champagne. Même le DJ bâille. Lilou, qui n'a presque rien bu, propose à Max de le raccompagner en voiture. Max hésite un instant en regardant deux potes, encore plus bourrés que lui, qui lui font signe de l'autre côté de la piste. La jeune femme penche un peu son joli visage et murmure : « Tu habites où ? » Max sent une vague d'émotion l'envahir, aussi répond-il, en panique : « Dans ton cul ! »

4h39 : C'est raté. Lilou ne mange pas de ce pain-là. Elle secoue la tête : « Tu peux pas être sérieux deux minutes ? » Max se redresse : « Bien sûr. Tu as raison. D'autant que j'ai un truc à te demander, ça me tourne dans la tête depuis tout à l'heure… » Lilou le regarde fixement. Max sourit bien large : « Euh, tu peux pas déposer mes potes aussi, tant qu'à faire ? »

5 heures : Lilou tourne le dos et part, seule, vers sa voiture. Max a un rictus de dépit. Il devrait pourtant être content : ce soir encore, il a écarté tout danger de tomber amoureux.

LES CLÉS DE SON COMPORTEMENT

Son problème

Le Bon Pote Rigolo (le BPR) est un garçon hypersympa, bourré de qualités humaines, drôle, sociable et attachant. Mais, à son grand dam, il rentre toujours seul. Les femmes l'adorent mais aucune ne veut sortir avec lui, elles préfèrent le garder « comme ami ».

Ce qu'en disent les psys

Quand le bon pote rigolo rencontre une femme, dès le départ (et malgré lui), tout dans son attitude la rassure, il sait vraiment gommer toute ambiguïté. Avec lui les choses sont claires : on n'est pas dans la séduction.
Il y a une demande d'amour énorme derrière ce personnage, qui s'est investi sur un terrain amical, familial, mais pas sur un terrain sexué.
Le bon pote raisonne beaucoup sur le principe « c'est pas pour moi ». Il croit que sa mission est de rendre la vie plus légère aux autres, que son seul atout, ce sont ses blagues. Comme si l'amour ne lui était pas permis, il a d'emblée l'idée qu'il va échouer, et ne se risque donc jamais sur ce terrain-là.

Le piège de la popularité

Sont-ce ses parents qui l'ont mis dans cette case-là ? A-t-il voulu réparer un drame familial, une détresse parentale ? Ou tout simplement, a-t-il voulu se distinguer de ses frères et sœurs, pour qu'on le remarque, lui ?

Les motivations peuvent être multiples, en tout cas il a endossé peu à peu le rôle valorisant de celui qui divertit en toutes circonstances. Car ce que tous les BPR ont en commun et qui est un énorme piège (malgré les apparences), c'est que tout le monde les aime. Parents, famille, amis, voisins, professeurs, collègues, le bon pote rigolo fait l'unanimité, chacun veut l'avoir à sa fête, il est le témoin de tous les enterrements de vie de garçon, abonné aux discours de mariage et aux chorégraphies potaches.

Conséquence enviable : le BPR a sa cour, il est un peu LA star dans son entourage.

Conséquence négative : il est très difficile pour lui de quitter ce rôle si confortable.

Un personnage d'antiséducteur qui lui colle à la peau

Le bon pote rigolo s'est construit un personnage (fêtard, blagueur, bon vivant) qu'il maîtrise parfaitement. Même s'il veut sincèrement rencontrer une amoureuse, il ne sait faire autre chose que le pitre, les femmes sont en confiance avec lui et elles se marrent bien, point final.

Physiquement, même si le bon pote rigolo n'est pas forcément gros, on l'associe souvent au nounours parce qu'il a tout du garçon tendre, doux, gentil et… asexué. S'il est beau garçon, on va oublier qu'il l'est, car il ne met pas son physique en avant. Si c'est un sportif, il fait oublier son corps musclé en portant des vêtements neutres et discrets. Le BPR gomme en lui toute virilité affirmée. D'ailleurs il accepte qu'on l'affuble encore, même à 40 ans, du surnom qu'on lui donnait enfant. Kiki, Fafa, Patate, avouons que ça n'a pas un gros potentiel érotique…

La plupart du temps, le bon pote rigolo ne laisse pas penser qu'il a une sexualité. Il est tellement soucieux d'être rassurant que même sa meilleure amie, un soir d'ivresse, ne dérapera pas avec lui. Il peut aller jusqu'à lui tenir les cheveux lorsqu'elle dégobille, la coucher et la regarder dormir, mais il ne la touchera pas. Il y a tellement de verrous en lui que ce n'est même pas du domaine du possible.

Professionnellement aussi, être considéré comme le bon pote rigolo peut avoir des conséquences négatives, à moins de réussir à faire de son tempérament un atout en devenant comique professionnel (il y a beaucoup d'ex-BPR chez les humoristes). Dans le monde de l'entreprise, un BPR n'est pas spontanément associé à l'image du leader, du conquérant ou de l'aventurier. Pas évident de nommer directeur des ventes Yoyo, qui fait les belles heures de Facebook, travesti en Lady Gaga un soir de beuverie...

Tant que le bon pote rigolo reste dans son rôle, alors on le verra toujours ainsi : exclusivement une source de divertissement.

Exercice pratique : l'économie libidinale

La plupart des célibataires « chroniques » évoqués dans ce livre se sont construit un personnage qui les rassure et met à distance leurs angoisses. Mais ce personnage peut devenir une posture, qui sclérose et empêche de trouver l'amour.

Si on s'aperçoit qu'on ne sait plus comment sortir de la répétition des échecs amoureux, lorsqu'on est cantonné dans un rôle et que les autres nous y renvoient sans cesse (si nos proches nous perçoivent et nous présentent toujours comme « le rigolo », « la coincée », « l'infirmière », etc.), il est conseillé de s'interroger sur notre « économie libidinale ».

Il s'agit de faire une espèce de bilan comptable. Dressez honnêtement, en les notant, vos plus et vos moins : quels sont

les bénéfices à jouer ce rôle-là? (Ça me rassure, je contrôle, je ne me fais pas abandonner...) Le profit compense-t-il les inconvénients? À partir du moment où l'on se retrouve en déficit dans ce rôle qui nous fait souffrir, il y a danger. Il faut alors se poser des questions et envisager de changer quelque chose.
Aimer, c'est bouger, évoluer, se nourrir de l'être aimé et déteindre sur lui. Et lorsqu'on est incapable de mobilité, il y a souvent célibat, et il y a toujours souffrance...

Les étapes de la rencontre amoureuse

Pour comprendre pourquoi, malgré ses qualités, le BPR ne trouve pas l'amour, il faut d'abord décortiquer ce qui, pour tous, constitue les étapes majeures de la rencontre amoureuse.

Première étape : lorsqu'on est célibataire en quête d'âme sœur, et que l'on croise quelqu'un pour la première fois lors d'une occasion favorable (dîner, séminaire, marché, mariage autre que le sien...), généralement on ne sait pas ce qu'on va en faire. Ami, amoureux, simple connaissance ou ennemi potentiel, tout est ouvert. On se montre avenant(e) et poli(e) tout en observant l'autre, et en évitant les sujets qui fâchent. On observe une retenue et une maîtrise de ce qu'on veut montrer de soi.

Deuxième étape : après quelque temps de conversation (pour les rapides) ou de fréquentation, arrivent un regard appuyé, un compliment, une attention. Des points communs peuvent apparaître, et on entre alors dans quelque chose d'un peu trouble. On aborde la possibilité de transformer la relation en une histoire amoureuse, on sent que l'attraction est réciproque.

L'étape d'après (oui, la troisième donc, bravo!) est celle de la séduction. C'est là qu'on voudrait se contrôler, mais justement on n'est plus capable d'aucune stratégie, et l'on sent que l'on risque de perdre la main. Il va falloir composer avec l'autre qui nous attire, on est maladroit, on ne se reconnaît pas (nos amis non plus, ça les agace ou ça les amuse, c'est selon). On est plein de doutes sur ce qu'on doit dire et faire, quelle va être la réaction de l'autre, on est conscient de rire bêtement, de se tortiller sans raison, d'avoir autant d'esprit qu'un élève de CE2, et l'on est strictement incapable de faire autrement. C'est ce qui fait l'angoisse autant que l'euphorie de ces moments-là !

Si on passe cette épreuve, l'histoire peut commencer.

Aimer, c'est comme sauter dans le vide

L'amour, donc, pour être accessible, impose en préambule que l'on accepte de perdre la maîtrise de soi. Aimer, c'est vivre beaucoup de choses qui nous émerveillent, mais c'est aussi avoir la boule au ventre, ne plus penser qu'à l'autre, suffoquer parfois, hésiter entre le oui et le non à chaque pas qui nous rapproche de la vie à deux. Aimer, c'est comme faire le grand plongeon, sans être certain qu'il y ait de l'eau au fond de la piscine. On se bouche le nez, on ferme les yeux, tant pis si c'est super-haut, on va peut-être faire un plat, mais on saute quand même.

Vouloir plaire, c'est prendre le risque de déplaire, aux autres mais aussi à soi-même : un sacré défi pour tous ceux qui veulent garder le contrôle de chaque instant.

Pour le BPR, séduire induit de quitter la zone moelleuse de la bonne blague, pour une zone où il va risquer, pour la première fois, de faire « flop ».

Changer son image pour trouver l'amour

Dans le cas du BPR, il ne s'agit pas d'opérer un changement physique. Le relooking est rarement nécessaire (sauf cas de force majeure, écoutez quand même vos copines), car le changement vestimentaire ne sert à rien s'il n'est pas renforcé de l'intérieur.

On a compris que le bon pote rigolo était pris au piège de son propre rôle, comme s'il répondait à une obligation de faire le « bouffon de service ». Sur ce terrain, il a beaucoup de gens qui l'aiment, et de bons retours affectifs. Il lui faut une vraie dose de courage et de solitude pour en finir avec ce personnage sympathique et quasi asexué. C'est pourquoi mieux vaut éviter de prévenir ses proches que l'on va tout faire pour changer. D'autant que personne, dans l'entourage d'un BPR, ne le soutiendra dans sa mue. (Les femmes qui ont déjà annoncé à leurs proches qu'elles veulent perdre dix kilos ne connaissent que trop ce phénomène...)

Il y a un vrai enjeu narcissique à renoncer au pitre que tout le monde aime pour devenir soi-même, cet être inconnu qui serait peut-être moins apprécié. Mais c'est le prix à payer pour trouver l'amour.

Avant d'oser être quelqu'un d'autre, il faut d'abord mettre en berne celui que l'on était, en quelque sorte le tuer. Comme dégager un espace avant de le remplir par autre chose.

Dans le cas du BPR, plutôt que de changer, il s'agit d'opter pour la retenue. Bien sûr qu'il peut continuer à aller dans les soirées, mais en s'empêchant de répondre systématiquement à l'appel de la drôlerie. Il doit oser décevoir en ne faisant plus le clown de service.

Attention, quand ses proches ne le trouveront plus drôle, ils s'inquiéteront de son moral, de sa santé, ils seront désemparés, déçus... un temps. Mais si le BPR persévère, si on ne le trouve plus là où on l'attendait, peu à peu le regard des autres va changer. Et en s'autorisant lui-même à exprimer d'autres facettes de sa vraie personnalité, il va laisser la place à une rencontre amoureuse... et pourra s'engager dans toutes ses étapes.

Certes, il y a un risque à prendre, il n'aura pas forcément autant de succès dans la séduction qu'avant en amitié, il se prendra sans doute des râteaux, mais l'enjeu vaut le coup, car l'amour est au bout du chemin.

Une étape constructive

On peut être un bon pote rigolo pendant seulement une phase de sa vie ; un adolescent ou un étudiant peut rester BPR quelques années pour ne pas aborder le terrain de la séduction. Quand il aura retrouvé des proportions flatteuses et une qualité de peau honorable, quand il aura fini ses études, il changera sans effort. On a vu des BPR repentis devenir plutôt beaux gosses, mais rarement de grands séducteurs.

Quoi qu'il en soit, un ex-bon pote rigolo gardera de cette période un précieux atout : son remarquable sens de l'humour.

13

Le vieux garçon

CE QUE LES GENS QUI LE RENCONTRENT DISENT DE LUI
Mais quel âge il peut bien avoir... 30 ou 65 ans?

CE QUE SES COPAINS DU LYCÉE DISAIENT DE LUI À 18 ANS
Mais pourquoi tous les profs adorent ce mec?

CE QUE SA MÈRE LUI RÉPÈTE
C'est pas que tu PEUX tout dire à maman, c'est que tu DOIS tout dire à maman, mon fils!

CE QUE SON EX DIT DE LUI
Il sentait si bon... dommage que je n'ai pas eu le droit de le toucher...

CE QUE SON MEILLEUR AMI DIT DE LUI
C'est le seul que je connaisse qui préfère rester chez lui pour regarder *C'est du propre!*, plutôt que m'accompagner à une soirée pole dancing...

CE QUE SON PATRON PENSE DE LUI
Si seulement je pouvais le cloner...

CE QUE LES FEMMES DISENT DE LUI
Ce type fout les jetons!

PAUL N'EST PAS PSYCHORIGIDE, PAS DU TOUT…

Chaque matin, le réveil de Paul sonne à 7h8 et ça n'a rien d'un hasard : il est né le 7 août 1978 soit le 7-8-7-8. Depuis son plus jeune âge, il a toujours privilégié les 7 et les 8 dans cet ordre, mais il n'est pas borné : ainsi, chaque week-end et pendant les vacances, il alterne : son réveil sonne à 8h7.

Dans sa cuisine, la table du petit déjeuner est prête : un bol, une cuillère, un set de table et le paquet de céréales, disposé à droite de la boîte de Ricoré. En dégustant lentement ses Spécial K – il fait attention à contrôler son apport de glucides –, il regarde, satisfait, les étagères au-dessus de l'évier : son idée d'alterner les briques de lait demi-écrémé et de lait entier, une rouge, une bleue, façon pyramide, c'est vraiment chouette, presque de l'art contemporain ! Paul, songeur, se rappelle le jour où Magali, sa copine depuis trois mois, lui avait fait la « surprise » de ranger ses piles n'importe comment, soi-disant parce que ça libérait de la place pour les packs d'eau minérale ! Il en frissonne rétrospectivement… Dans le genre « je vends mes talents de maîtresse de maison dans l'espoir d'une cohabitation », on a vu plus convaincant… Aucun raffinement et, surtout, aucun respect de l'autre !

Après son rituel shampoing-rasage sous la douche, que Paul ne chronomètre pas, bien évidemment, mais d'une durée moyenne de 7 à 8 minutes – hasards de la vie – il donne un rapide coup de fer à sa chemise – toujours blanche –, le pliage du pressing laissant des plis hideux au milieu de la poitrine. Sa mère lui a toujours dit qu'on jugeait un homme non à ses chaussures, mais à sa chemise et Paul n'est pas du genre à se laisser aller, d'autant qu'à bientôt 35 ans, il se dit qu'il serait peut-être temps de faire une vraie rencontre. Ses parents n'avaient-ils pas déjà leurs trois enfants à son âge ? Pour autant, Paul n'est pas inscrit sur un site de célibataires : il n'est pas prêt à prendre n'importe qui, or, sur internet, il n'y a que ça ! Il est bien placé pour le savoir : webmaster, il en voit de belles sur les forums... Non, ce qu'il attend, c'est un signe, un clin d'œil du destin !

Paul récupère ses clés, toujours posées à gauche de sa carte de transport dans l'entrée et descend l'escalier en évitant la marche fendue au deuxième étage, comme il fait chaque matin depuis huit ans qu'il habite l'immeuble. S'il touche cette marche, il sait qu'il passera une mauvaise journée. Mais il ne touche jamais la marche et ses journées ne sont jamais mauvaises, plutôt... identiques.

Dans le bus, caché derrière son exemplaire de *20 minutes*, Paul jette des coups d'œil discrets à la jeune femme qui lui fait face. Avec ses grands yeux noirs, elle ressemble un peu à Margaux, sa première petite amie. Rétrospectivement, il ne regrette pas de l'avoir quittée. Sur le coup, il s'était senti aussi triste qu'elle, mais aujourd'hui, il sait qu'elle était trop bohème, un peu folle même avec cette manie de vouloir toujours « changer » : études, projets de vacances, amis, soirées, même son look – il fallait que tout bouge tout le temps ! Le soir de leur rupture, lorsqu'elle avait essayé de le déshabiller dans la voiture « pour essayer, quoi ! », il l'avait évidemment repoussée : Faire ça, ici ? Ça va pas, la tête ? Elle lui avait dit qu'il était « psychorigide », et ça, il ne l'avait pas supporté. Psychorigide, lui ? Parce qu'on est un adulte structuré et pas un obsédé sexuel prêt à faire n'importe quoi n'importe où, on passe pour un malade ? Allons ! C'est Margaux qui avait un problème, du reste, aux dernières nouvelles, elle travaille dans un atelier de poterie aux Baléares. Parlez d'une réussite sociale ! Paul en sourit tout seul et il sent que comme souvent, les commissures de ses lèvres ont tendance à tressaillir du côté gauche. Rien à voir avec un TOC, juste un peu de nervosité. En face de lui, la passagère se lève et se fraie un chemin vers la sortie du bus. Paul remarque que son collant est filé : à 8 h 30 ? Ça veut dire qu'elle l'a mis tel quel ce matin, sans même vérifier son reflet dans la glace. Tsss. Encore une qui doit dire sur son profil Meetic qu'elle « adore l'imprévu »...

Arrivé au bureau, Paul gagne rapidement sa place, facile à repérer dans l'open space : c'est la seule dont le clavier d'ordinateur soit protégé par une housse, la seule qui ne soit pas envahie par photos, trombones, Bics sans capuchons et Post-it qui ne collent plus. Sofia, la nouvelle stagiaire que la DRH lui a collée dans les pattes – il n'avait rien demandé, surtout pas une prosélyte de la zumba montée sur de grosses bottes de moto –, déboule en face de lui et le salue d'un « Salut, Paulo ! » à l'enjouement forcé. Paul se fige : il a horreur des surnoms, personne dans l'équipe ne lui en donne d'ailleurs, même s'il sait que, dans son dos, certains l'appellent « Pol Pot », ce qui est doublement idiot car 1) ça ne s'écrit pas pareil, et 2) non seulement Paul n'a rien d'un dictateur, mais ses collègues sont bien contents de l'avoir pour débloquer leur ordi ou réparer l'imprimante. Bref. Il grimace un sourire à Sofia et s'abîme dans sa première tâche de la matinée : tailler ses huit crayons HB et les ranger pointe en l'air dans son mug au logo de la boîte. La stagiaire le regarde et lui demande s'il aurait quinze minutes pour l'aider à fignoler son CV : « Il y a une vie après les CDD et; au jour d'aujourd'hui, je n'ai pas de piste. » De nouveau, Paul se glace. C'est vrai qu'elle est encore là pour deux mois, peut-être vaudrait-il mieux lui parler, si elle souhaite qu'ils travaillent en bonne intelligence ? Il décide de lui proposer de déjeuner avec lui à la cantine : entre deux conseils pour son CV, il arrivera sûrement à lui glisser à quel point elle peut être agaçante, sans le faire exprès ?

Au self, Paul et Sofia s'observent au-dessus de leur bourguignon (mardi, c'est « saveurs et traditions », de loin le jour préféré de Paul). Allez, courage, c'est pour lui rendre service après tout. Il attrape le CV qu'elle tend et, sans le regarder, lui lance, tout sourire : « Sofia, il faut que je te dise que, parmi les choses que je ne supporte pas, il y a les surnoms, les grosses godasses à bout rond – des chaussures de lesbienne comme dit ma mère – et aussi l'expression “au jour d'aujourd'hui”... J'ai également du mal avec les fumeurs, les retardataires, le mot “amuse-bouche”, les fautes d'orthographe à l'accord du participe passé, les gens qui toussent au théâtre, le service clients de Bouygues Télécom... en fait, la liste est longue, mais si déjà tu pouvais m'épargner les trois premiers, ça faciliterait grandement les semaines qu'on doit encore passer ensemble. » La stagiaire le regarde, bouche bée. Paul lui décoche à nouveau un sourire et baisse les yeux vers son CV. Il y découvre, écrit tout en haut, qu'elle est née le 8 juillet 87. Le 8-7-8-7 ? Paul lève les yeux, extasié, vers Sofia. Mais déjà, elle est debout et s'éloigne, dos tourné, son plateau à la main. Le sourire de Paul se bloque vers la gauche.

LES CLÉS DE SON COMPORTEMENT

Son problème

Le vieux garçon est un homme élégant et courtois, un ami dévoué et un employé idéal. Organisé et très souvent maniaque, chez lui rien ne dépasse et il tient à ses petites habitudes... Il rêve de rencontrer son double qui l'aimerait et saurait le comprendre. Il fait bien de temps à autre des tentatives de couple, mais les femmes partent toutes très vite...

Ce qu'en disent les psys

Psychorigide, le vieux garçon est figé dans une organisation «défensive». Il ne veut rien changer à sa vie, ce qui est évidemment contraire à la rencontre. L'idée de l'envahissement de son espace physique comme psychique l'angoisse. Ayant un rapport à sa mère souvent compliqué, le vieux garçon n'arrive pas à la remplacer, et se voit souvent renoncer à son projet de vie à deux.

Une impossibilité de vivre en couple

Le vieux garçon veut faire des rencontres, d'autant qu'à la quarantaine, en voyant ses amis se mettre en ménage, il désire lui aussi fonder une famille.

Mais il met tout dans des cases. Il peut aimer une femme, mais si elle débarque chez lui – surprise ! – avec ses affaires, pose son petit bazar dans la salle de bains, le vieux garçon ne peut pas le supporter. Si sa copine exige de passer plus de temps avec lui ou veut changer ses habitudes (ton cours de chinois du samedi, tu pourrais peut-être le faire sauter pour partir en week-end ?), il se sent envahi, débordé. Généralement il provoque la rupture, par la fuite…

Le vieux garçon vit un conflit interne où il pense ne plus vouloir être célibataire, mais n'est pas prêt pour autant à renoncer à quoi que ce soit de son organisation. Le prix à payer de la vie de couple est trop cher pour lui.

De l'âge limite du célibat…

Vivre à deux est un compromis permanent, car chacun apporte ses goûts, son univers, ses habitudes, ses envies. Partager son quotidien, c'est accepter d'évoluer et de se remettre en question, car lorsqu'on est regardé par la personne que l'on aime, elle peut voir des parties de soi qu'on n'a pas forcément l'habitude ou le désir de montrer. La rencontre amoureuse suppose de changer des choses parfois importantes, parfois banales, comme modifier l'espace d'un placard, ou bien accepter un bibelot sur la table basse.

Lorsqu'on vit seul depuis toujours, qu'on n'a jamais eu affaire à ce regard-là, on s'arrange avec ses certitudes et ses rituels. Il arrive un âge où on ne sait plus si c'est parce qu'il est seul qu'un vieux garçon est psychorigide, ou s'il est psychorigide parce qu'il vit seul.

Sans doute un peu des deux, c'est pourquoi plus on a eu, jeune, des expériences de vie en couple, plus on a de chances de pouvoir refaire de la place à quelqu'un dans son univers intime.

L'étape cruciale du stade anal

Chez le vieux garçon, rien ne doit dépasser, tant au niveau physique qu'au niveau organisationnel.

En étant « propre sur lui », il répond à une exigence maternelle qui remonte à ce que les psys décrivent comme le « stade anal ». Lorsque l'enfant a environ 2 ans (entre 18 et 36 mois), sa maman le met sur le pot (car c'est souvent encore la mère qui s'occupe de ces choses-là), elle lui apprend la « propreté ». Elle surveille avec énormément d'attention cette phase qui le mène à l'autonomie, la fin des couches. La raison pour laquelle le stade anal est si important, c'est parce que c'est le moment où l'enfant apprend à contrôler son propre corps. Faire popo, c'est décider de laisser sortir quelque chose de soi, comme un cadeau offert sous les hourras de sa maman.

Certaines mères surinvestissent tout ce qui touche à la propreté, ont peur des bactéries, des maladies, et partagent le monde entre ce qui est propre et sale. Dès que l'enfant fait dans le pot, elles jettent vite le « cadeau » en disant qu'il est sale-beurk-caca, et nettoient aussitôt le récipient à l'eau de Javel. Certaines mères vivent la lingette à la main, récurent chaque jour leurs enfants dans tous les coins et les plus extrêmes peuvent aller jusqu'au lavement. Ces femmes qui croient bien faire sont dans le contrôle du corps de leur petit. Elles ne savent pas qu'elles peuvent induire chez lui le rejet d'une partie de lui-même.

Elles provoquent sans le vouloir un contre-investissement de la propreté, puis un rejet. Comment, dans son cas, l'enfant une fois adulte peut-il envisager sereinement ce qui fait transpirer, ce qui a une odeur, des poils, les peaux qui se touchent, la sexualité ?

Ce traumatisme peut provoquer plus tard un dégoût du corps féminin (sans pour autant devenir forcément une attirance envers le masculin). Les cas les plus hygiénistes adopteront une vie sans sexe, une asexualité.

Une sexualité d'évitement des femmes

Lorsqu'un homme est célibataire et qu'il n'a jamais eu de copine à 30, 40 ou même 60 ans, c'est qu'il y a un blocage majeur, une peur terrible des femmes. Ce n'est pas un cliché, cette situation vient très souvent de sa mère archiprésente et de son père absent (il peut être là physiquement, mais ne pas s'occuper de lui). La plupart du temps, la maman a vécu seule avec son fils, faisant quasiment couple avec lui. Depuis son enfance, le vieux garçon n'arrive pas à sortir de l'influence de sa mère et, tant qu'elle est vivante, il n'osera pas la « remplacer », sa présence est d'une trop grande proximité.

Les cas les plus pathologiques n'ont pas eu de rapports sexuels, ils n'en auront peut-être jamais. Ils ne sont pas seuls à cause de leur maniaquerie, leur célibat est plutôt une conséquence de leurs blocages.

Ce sont des hommes qui ont une peur phénoménale du contact, du toucher et cultivent l'idée que la sexualité est sale. Ils adoptent donc des conduites d'évitement absolu, et font en sorte que les femmes n'atteignent jamais leur intimité.

Les sexologues les voient parfois en consultation, ils pensent souvent à l'amour et ont peur de mourir sans l'avoir connu. Leur vie intime est imaginaire et solitaire.

Un vieux garçon peut aussi être un séducteur, actif, voire bestial dans ses relations sexuelles. Cloisonner son affect et sa sexualité est une façon d'entretenir l'évitement de l'autre dans son intimité psychique.

L'homosexualité en est une aussi, et certains se reconnaîtront dans ce profil. Heureusement, pour ces cas plus « légers » (gays comme hétéros), il y a encore un espoir de créer un couple un jour, s'ils ne s'y prennent pas trop tard (cf. « De l'âge limite du célibat »). Des hommes qui éprouvent un véritable intérêt pour leur apparence, et celle des autres, toujours tirés à quatre épingles, à cheval sur l'hygiène (la leur et celle de leurs partenaires), sont très courtisés. S'ils veulent construire à deux, ils le pourront.

Exercice pratique : accepter l'imprévu

Cet exercice s'adresse à celles et ceux qui veulent toujours tout organiser. Ultra-épuisante, cette attitude est presque impossible à tenir, car la vie réserve inévitablement des surprises (et heureusement, car il en existe de bonnes). À trop vouloir tout contrôler, et anticiper le moindre détail de sa vie, certes on devient un organisateur né (vos amis ne s'y trompent pas, c'est toujours vous qui planifiez les vacances, vous qui avez monté la soirée magique pour les 40 ans du beau-frère, vous qui organisez le séminaire annuel de votre entreprise...), mais vous êtes au bord du burn-out en permanence, car vous vous mettez une pression énorme. Et si vous vivez en famille, vous êtes sans doute un peu pénible pour vos proches. Voire un tantinet dictateur...

On peut s'obliger petit à petit à accepter l'imprévu. On se pose dans un endroit calme, où on peut commencer par réfléchir sur « pourquoi le fait que l'hôtel qu'on avait choisi pour les vacances soit fermé est-il si déstabilisant ». Puis pousser la réflexion plus loin : que peut-il se passer si on dort ailleurs? Si ce n'est pas aussi confortable? Visualiser les conséquences, d'inconnu en inconnu... et réaliser que rien de grave ne se passera.

Pour s'habituer à accepter l'imprévu, on peut aussi s'en remettre à un ami, ou à son conjoint, et lui dire : « Ce soir, c'est toi qui choisis un endroit que je ne connais pas. » Certes, le dîner ne sera peut-être pas aussi bon que dans les restaurants où vous avez l'habitude d'aller, mais l'idée est de ne plus être dans le contrôle, et de faire confiance à ceux que l'on aime (sans critiquer, faites un effort!). Ce qui compte, c'est de lâcher prise.

De la prise de conscience à l'amour

On ne change pas si on ne sait pas qu'il y a quelque chose à changer.

La prise de conscience est une entreprise ardue dans le cas du vieux garçon.

Dans sa version « soft » (avec une capacité à créer du lien avec des partenaires sexuels), il est très heureux en apparence. Comme il se débrouille pour ne pas être dans des situations qui peuvent le mettre dans l'angoisse (le couple, l'imprévu etc.), son entourage ne voit pas sa difficulté. Il note seulement que le temps passe et que leur ami vit toujours en solitaire. Le vieux garçon ayant créé avec ses proches des mécanismes de défense, il y a plein de choses qu'il ne veut pas entendre.

Mais, lorsqu'on sait que le temps compte, on peut tout de même, si on l'aime, alerter son ami vieux garçon sur ses symptômes.

La lecture d'un livre, une discussion en tête à tête (peu importe l'angle d'attaque choisi, du moment qu'il ne s'agit pas de sa mère !), tout est bon pour qu'il prenne conscience de sa situation.

Une fois que le vieux garçon a chassé ses démons intérieurs (par une thérapie, difficile dans son cas de faire sans) et a repris confiance en soi, donc changé, il peut envisager une vie de couple progressive, si sa compagne sait l'apprivoiser. Une « long distance love » (amour à distance) peut être une première étape rassurante car non invasive. Une femme très autonome, que son travail maintient loin du foyer, ou qui ne souhaite pas non plus vivre à deux, permet également de mettre à distance la peur de l'envahissement. Il n'y a pas qu'un modèle de couple. Si le bonheur réside dans l'apaisement et que les deux partenaires en ont la même définition (sous réserve que personne ne souffre), la vie sans cohabitation peut être une solution durable.

L'ex-vieux garçon ne sera jamais désordonné, il ne laissera pas traîner ses caleçons par terre, rebouchera toujours son dentifrice, sera toujours un formidable organisateur, vous ne louperez jamais le train à cause de son retard, il n'oubliera pas l'anniversaire de votre rencontre, et avec ses listes saura faire les courses comme personne. Un garçon presque parfait…

14

Le zizi addict

CE QUE SES COPAINS DU LYCÉE DISAIENT DE LUI À 15 ANS
Attends, il a un autographe de Tabatha Cash, c'est trop la classe !

CE QUE LES GENS QUI LE RENCONTRENT DISENT DE LUI
Il a l'air très doux, mais pas très causant, non ?

CE QUE SA MÈRE DIT DE LUI
Le seul défaut de mon fils, c'est qu'il est tellement discret, impossible d'avoir des infos sur sa vie privée...

CE QUE SON MEILLEUR POTE DIT DE LUI
À côté de Bill, c'est sûr, j'ai l'imaginaire sexuel d'un Schtroumpf. Mais je me demande si c'est pas mieux comme ça.

CE QUE SON PATRON PENSE DE LUI
Bill a une implication remarquable : il sort très rarement déjeuner et reste sur son ordinateur jusqu'à 22 heures, quand tout le monde est parti depuis longtemps !

CE QUE MONA X., EXERÇANT SON ACTIVITÉ PROFESSIONNELLE AU BOIS DE BOULOGNE, DIT DE LUI
C'est mon client préféré. Le plus rapide en tout cas.

CE QUE LES FEMMES QU'IL DRAGUE DISENT DE LUI
Si ça se trouve, il est très gentil, mais, quand il vous regarde, on se sent sale, c'est rédhibitoire.

BILL PENSE QUE LES FEMMES ONT UN PROBLÈME

Comme tant d'hommes, quand il se réveille, Bill est en érection. Mais chez lui, cette bonne disposition se renouvelle jusqu'à six fois, rien que dans la matinée. Après un premier orgasme, Bill, qui vit seul, prend son petit déjeuner face à son PC. Pendant vingt minutes, il s'enquiert de l'actualité internationale… On plaisante. PornHub, Youporn, RedTube et Xvideo, ses sites préférés, parlent très peu du conflit israélo-palestinien. Bill file ensuite sous la douche où il se soulage rapidement, pas question d'être en retard au boulot. Si à 32 ans il reconnaît posséder une libido « atypique », il est un professionnel consciencieux. Ainsi, il exerce son métier de greffier des services judiciaires avec une rigueur exemplaire : difficile d'avouer en public que ses deux passions sont le code civil et la masturbation; aussi Bill a-t-il appris à ne jamais évoquer le second point devant quiconque. Ou, alors, sur le web et sous pseudo.

Aux yeux du jeune homme, la misère du ministère de la Justice a quand même ceci de bon que depuis deux ans, baisse des effectifs oblige, il est tout seul dans son petit bureau. Il organise donc ses journées à peu près comme il l'entend, le juge pour lequel il travaille ayant, à raison, toute confiance en lui. Le boulot est toujours fait et bien fait, qu'importe si, chez Bill, les « pauses café » se déroulent toujours en solitaire et porte fermée. Le greffier a la réputation de boire beaucoup de café et de n'être pas très liant, voilà tout.

De ce strict point de vue, ses collègues se trompent : Bill se lie volontiers, avec des professionnelles la nuit tombée à l'occasion, ou plus souvent, avec des femmes sur internet. Son problème, c'est que ça ne dure jamais, ni dans le premier cas (Bill a du mal à ralentir la fougue de son pénis, qu'il surnomme depuis toujours Jolly Jumper) ni dans le second, les filles des sites de rencontre étant pour la plupart de fieffées coincées. Dès qu'il entre dans le vif du sujet (questions sur la lingerie, les préférences sexuelles, les films pour adultes fétiches, la base en somme) elles coupent court. Bill a une théorie sur ses contemporaines : elles sont toutes décérébrées par une société qui ne propose qu'un modèle à la noix où l'idéal serait de passer sa vie à se tenir par la main en écoutant du Jenifer. Un modèle qui ne tient aucun compte des vraies aspirations des hommes : il est bien placé pour le savoir, le sexe est un besoin vital, il permet de vivre plus fort, plus vite, plus loin... non, tiens, le sexe permet de vivre tout court ! Bill soupçonne, autour de tout ça, une omerta suspecte.

Depuis l'adolescence, entre virtuel et rencontres éphémères, Bill était parvenu à une sorte d'équilibre. Seulement voilà, ces derniers temps, sa libido semble avoir non seulement augmenté, mais aussi changé : désormais, dans sa tête, ça se passe comme dans la chanson de Souchon dont ses parents baissaient toujours le son dans la voiture quand il était petit : « J'veux des gros seins, des gros culs, pas du peep show, du vécu. » Le virtuel, c'est bien un temps, mais désormais, c'est de réel qu'il rêve. Les rencontres d'un soir l'ont déçu, sans même parler du budget astronomique que ça finit par représenter (fonctionnaire de catégorie B, Bill n'a pas le traitement d'un... patron du FMI, mettons) le jeune homme voudrait une compagne, une vraie, gratuite, déjà.

Déjà 15 heures, Bill doit interrompre sa vidéo *Lesbians in Space* pour se rendre à l'audience. Les « clients » surendettés se succèdent, six hommes dont il sera incapable de reconnaître le visage aussitôt qu'ils seront sortis du tribunal, et trois femmes dont il n'oubliera ni les seins ni, pour l'une d'entre elles, les fesses. Une quinquagénaire qui a réussi à garder une aussi belle silhouette, ça lui donne envie d'applaudir. Et pas que. Celle-là avait des yeux à demander la fessée, il saura s'en souvenir, tout à l'heure, de retour dans son bureau. À 20 h 40, Bill a fini ses transcriptions : il est trop professionnel pour avoir tenté de favoriser la quinqua surendettée dans son compte rendu mais, une heure plus tôt, il lui a dédié mentalement son orgasme, elle le méritait bien. Dans la pièce d'à côté, il entend le juge ranger ses affaires. D'ici dix minutes, il pourra en toute quiétude retourner sur internet. Le risque d'être surpris est certes un piment, mais savoir qu'il a une bonne plage de tranquillité devant lui a également son charme. Bill n'est pas idiot, il n'utilise jamais son ordinateur professionnel, mais son portable, qu'il branche simplement sur le réseau wifi... de l'étage des pénalistes, hé ! hé ! À 21 heures, il consulte ses mails et c'est le choc : Barbara du site 1000rencontres.com, lui propose un rendez-vous pour le soir même : 22 heures au Bar Noir, ça lui irait ? Bill en a les mains qui tremblent. Deux semaines, et au moins six mails, qu'il attendait ça !

Il est 23 heures et Barbara est très sympa. C'est déjà ça. Sur le chapitre du physique, c'est un peu moins convaincant : avec un prénom pareil, Bill avait rêvé qu'elle ressemblât à son homonyme, l'ex-compagne de Jean-Paul Belmondo, une femme superbe et patronne d'établissements pour adultes, de surcroît. Mais bon, faute de grive... Allons, l'essentiel, c'est que leurs goûts convergent. Cette fois-ci, Bill a écouté le conseil de son meilleur ami, « t'es pas obligé de tout de suite leur parler de ton fantasme préféré, celui avec des naines », et pris garde de « laisser le temps au temps », afin de ne pas effrayer la célibataire. Depuis une heure qu'ils prennent un verre, il n'a parlé que de son boulot et posé des questions sur le sien. Assistante puéricultrice, Barbara a l'air content. Elle lui explique en riant que sa passion à elle, c'est pas le code civil, mais les chevaux. Bill n'en croit pas ses oreilles : « Mais moi aussi, j'adore ça ! J'ai plein de vidéos sur le thème de l'équitation dans mon smartphone ! – C'est pas vrai ? Tu me charries ? » sourit la jeune femme. Dans ses yeux brille alors une lueur, comment dire... explicite. Bill sent qu'il a enfin trouvé celle qu'il attendait. Il brandit son téléphone, tout fier : « Regarde, dans mes favoris, qu'est-ce que tu lis ? » Barbara se penche vers lui, mettant au passage Jolly Jumper en émoi et déchiffre lentement, sur l'écran : « vidéo femme + poney, vidéo femme + mulet, vidéo femme + âne ». Puis elle relève la tête, propulse le contenu de son verre à la tête de Bill et part en courant. Le jeune homme secoue la tête, juste un peu dépité. C'est triste à dire, mais ça ne fait que confirmer ce qu'il savait déjà : les hommes et les femmes ne vivent pas sur la même planète.

LES CLÉS DE SON COMPORTEMENT

Son problème

Le « zizi addict » est en demande sexuelle permanente. Incapable de rencontrer une femme sans penser au coït, il éprouve tout le temps un besoin impérieux, qu'il ne peut évacuer qu'à travers la relation sexuelle ou la masturbation. Il lui est difficile, voire impossible, de créer un couple durable, sa compagne finissant par se lasser d'être constamment sollicitée.

Ce qu'en disent les psys

Le zizi addict est sujet à l'angoisse s'il n'assouvit pas les pulsions dont il est dépendant. C'est un homme qui, malgré son besoin de partenaire, n'offre que peu de place à l'autre : sa fantasmagorie fonctionne seule comme une « autosexualité ». Il y a dans son développement sexuel quelque chose qui ne s'est pas fait à un moment donné. Dans les différents stades que décrivait Freud, on pourrait dire que l'accès au stade génital n'a pas eu lieu, cet homme est resté bloqué dans une sexualité immature. Au fond, il a peur de la femme dans sa réalité, et préfère l'objetiser dans ses fantasmes (ou avec une professionnelle).

À l'origine, une enfance qui l'a angoissé

Ce comportement addictif puise sa source dans une angoisse profonde ressentie pendant l'enfance. Vide affectif, insécurité, grande pauvreté, il y a aussi plus communément l'histoire du petit garçon qui a été nié par son père et/ou sa mère, dénigré, ou qui a eu l'impression de ne pas exister.

Un jour, en tout cas, le jeune homme s'est rendu compte que l'acte sexuel était le meilleur moyen de calmer son anxiété (sinon, il aurait pu être sujet à la drogue, l'alcool...), et peu à peu il est tombé dans cette addiction.

Mais au fond cet édifice ne tient pas debout, son angoisse est presque existentielle, et son hyperconsommation sexuelle ne restaure pas sa très mauvaise estime de lui-même.

Un dragueur catastrophique

Le zizi addict célibataire a une vilaine réputation, et pour cause : il ne sait vraiment pas séduire les femmes. Comme il ne pense qu'à « ça », il est dans l'incapacité d'attendre et de sortir de son monde imaginaire. Dès qu'il entame une relation, il parle de sexe. Il fait savoir à l'autre qu'il aime ça, qu'il lui fera « comme ceci ou comme cela », sur le mode : « Ou tu entres dans mon fantasme, ou tu pars en courant ! » La fille, qui se sent à peu près autant valorisée qu'un morceau de viande, prend généralement ses jambes à son cou. Comme avec ces hommes qui sifflent une inconnue dans la rue, ça ne peut pas marcher.

Ce qui est désolant, c'est que, même si d'emblée il plaît à une femme, il va tout saboter, comme un fait exprès : « Je vais te dégoûter de moi avant même que tu t'approches. » Le zizi addict célibataire passe très peu à l'acte (hormis prostituées et rencontres internet).

Le danger du cybersex

Tout le monde aujourd'hui peut avoir accès quand il le souhaite à des images pornographiques sur le web, et les sexologues s'inquiètent des conséquences de cette nouvelle « occupation » des moins de 30 ans. Les sites spécialisés, qui proposent des extraits, sélectionnés uniquement pour leur finalité éjaculatoire ou la « bizarrerie » des fantasmes qu'ils illustrent, peuvent s'avérer catastrophiques pour de jeunes hommes qui n'ont jamais (ou peu) fait l'amour.

En ne donnant qu'une image partielle et agressive de l'acte sexuel, cette accessibilité au porno (au travail, n'importe où et n'importe quand grâce aux smartphones) amène les hommes fragiles, psychologiquement et affectivement, à se masturber plusieurs fois par jour et à tomber dans l'addiction.

Ne se sentant pas à la hauteur des acteurs vaillants (leur référence), et des actrices entreprenantes et insatiables vues dans les films, ils s'éloignent peu à peu du corps des vraies femmes. Incapables d'engager une relation amoureuse, jugée trop fade en comparaison du cybersex, ces jeunes zizi addicts ne savent pas toucher, respirer, être tendres, et deviennent de piètres amants.

Heureusement, la plupart des jeunes hommes font la part des choses entre les films X et la réalité. Mais chez les individus qui n'ont pas de repères, c'est la confusion totale.

Celui qui se cache cloisonne sa vie

Lorsqu'elle n'est pas trop obsédante, l'obsédé sexuel arrive à cacher son addiction à ses proches. Grâce aux prostituées, aux salons de massage « approfondi », aux sites de rencontres, il cloisonne sa sexualité hyperactive entre sa carrière et sa vie de famille.

Il n'est ni heureux ni malheureux en ménage, la question ne se pose pas en ces termes. C'est souvent un homme qui a une façade très conventionnelle : il y a une femme à la maison, la mère de ses enfants qui ignore (ou feint d'ignorer) l'addiction de son mari, et avec laquelle il ne se passe presque rien charnellement. Le sexe est réservé à son monde fantasmatique.

On retrouve d'ailleurs le même cloisonnement chez certains homosexuels dits « honteux », dont la vie officielle est aux antipodes de leur réelle activité sexuelle.

Un homme en demande quotidienne avec sa compagne

Lorsqu'il a la chance d'assumer qui il est, avec une femme consciente de l'étendue de son besoin, le zizi addict la sollicite constamment. Même si sa partenaire aime bien faire l'amour, trop c'est trop !

S'il n'a pas eu sa dose quotidienne, voire multiquotidienne, il angoisse et devient infernal, désagréable, peut se mettre à boire…

La femme qui l'aime finit par accéder à ses demandes pour avoir un peu la paix. Alors que lui est persuadé que la normalité, c'est de faire l'amour tous les jours, elle veut le convaincre que deux ou trois fois par semaine seraient suffisantes. À un moment elle se dit : « Je suis un cachet pour dormir ou un moyen pour qu'il se détende, pour combler des angoisses », se sent interchangeable, voire « dépersonnifiée »… et finit par partir.

Le zizi addict a du mal à avoir une relation de couple qui dure.

Exercice pratique : la bonne fréquence pour faire l'amour

Entre le « tu ne penses qu'à ça » et le « tu n'as jamais envie », tout est question de nuance... et d'ajustement mutuel. Si on veut se situer par rapport aux statistiques (déclaratives et il est à parier qu'elles sont surévaluées), les Français font l'amour en moyenne deux ou trois fois par semaine. Mais il n'y a pas de norme, le principal est que chacun dans le couple ait à peu près le même appétit. Car le décalage provoque forcément la frustration... du plus gourmand.

Premier cas : la femme est plus demandeuse que l'homme. Elle doit savoir qu'une fille active et conquérante sexuellement attire son compagnon au début, mais à terme ne le rend pas très puissant. Il va se sentir peu à peu pris pour objet, infantile, car dominé, et finira sans doute par avoir un problème d'érection. Ce qui n'aide pas dans la construction d'un couple ! C'est donc à la femme de rassurer son compagnon sur sa virilité et ses compétences.

Second cas : l'homme est plus demandeur que la femme. Chez lui, le désir sexuel étant sans cesse renouvelé par la testostérone, c'est ce cas le plus fréquent. Il vit le refus de sa compagne comme une blessure narcissique, se sent rejeté et mal aimé. À elle donc, de refuser avec tact et tendresse, en expliquant que le manque de désir n'est pas un manque d'amour.

On notera que, quel que soit le plus demandeur, c'est toujours à la femme de rassurer son conjoint !

Quant à la fréquence idéale, les sexologues donnent cette image à méditer : « Vous avez deux voitures qui se suivent sur la route départementale. Celle qui est devant donne la vitesse. Si elle roule à 20 à l'heure, l'autre doit aussi rouler à 20, il n'y a pas d'autre solution ! » C'est donc au « moins demandeur » de donner le tempo, car il n'y a rien de pire que de se forcer...

De temps en temps, on peut suggérer que chaque partenaire ait « sa semaine » pendant laquelle il prend l'initiative du

rapport sexuel. Ce qui permet à celui qui manque de désir de renouer avec ses envies, et au demandeur de se mettre à l'écoute de son partenaire.
Rappelons que moins on pratique, plus on s'assoupit. Les caprices du désir, les phases atones n'ont rien d'affolant si on ne s'y installe pas.

Devenir vulnérable pour s'autoriser à changer

S'il est intelligent, l'obsédé sexuel sent qu'il n'est pas dans la norme. Mais pour autant, il en va de son addiction comme de la drogue : tant que le drogué prend du plaisir sans entrave, il n'a aucune raison d'arrêter, même s'il sait que ça lui fait du mal. L'addiction n'est pas de l'ordre du désir, mais du besoin.

Celui qui se cache peut vivre longtemps dans le secret, tant que ses moyens le lui permettent, et qu'il ne se fait pas démasquer… Mais un jour arrive l'acte manqué. Il est convoqué par sa hiérarchie parce qu'il regarde des sites pornographiques, sa femme le surprend, bref, tout explose !

Pour celui qui vit ouvertement sa dépendance, vient le moment où sa compagne le quitte ou l'emmène consulter parce qu'elle n'en peut plus.

Quand quelque chose empêche le zizi addict de continuer, l'oblige à regarder en face sa réalité, et qu'il se retrouve dans l'impossibilité de « consommer », la souffrance arrive et l'angoisse resurgit, intacte.

Pour changer, un travail sur l'attachement et l'estime de soi

Ce genre d'homme ne fait pas de thérapie s'il n'est pas contraint, mais se retrouve dans l'obligation d'employer les grands moyens, sous peine de craquer psychiquement ou de tomber dans une autre addiction.

Il est très douloureux pour celui qui a construit son existence de façon à tempérer son angoisse profonde, de remettre en cause tout cet équilibre, si fragile soit-il. Il avait du plaisir, il était dans la réassurance... Le travail sera long, au moins un ou deux ans.

Une fois qu'il sera sorti de ses fantasmes bien balisés, s'il accepte d'être vulnérable, il sera en mesure de faire une rencontre constructive et d'avoir une relation aimante...

15

Le mutique

CE QUE SES COPINES DU LYCÉE DISAIENT DE LUI À 15 ANS
Karim...? Attends, tu veux parler de Bernardo, le muet de seconde 3?

CE QUE SES PROFS DU LYCÉE DISAIENT DE LUI
Karim? C'est le plus brillant de la classe, mais ses devoirs sont toujours impersonnels, c'est étrange...

CE QUE LES GENS QUI LE RENCONTRENT DISENT DE LUI
C'est un type adorable, mais on n'arrive jamais à savoir ce qu'il pense vraiment.

CE QUE SA MÈRE LUI RÉPÈTE
Il faudrait que tu expliques à maman pourquoi les jeunes filles te font si peur, mon fils.

CE QUE SON MEILLEUR POTE LUI RÉPÈTE
Fais un effort! C'est quand même pas compliqué de dire aux gonzesses ce qu'elles ont envie d'entendre!

CE QUE SON PATRON PENSE DE LUI
C'est l'un de mes meilleurs éléments. Un des moins emmerdants, en tout cas.

CE QUE LES FEMMES QU'IL RENCONTRE DISENT DE LUI
Il ne lui manque que la parole, c'est dommage!

CE QUE SON EX DIT DE LUI
Le jour où je lui ai dit que je l'aimais et qu'il m'a répondu «merci, c'est gentil», j'ai compris qu'il fallait que je me casse, et vite.

KARIM, FENÊTRE SUR COUR

7 h 15 : Karim boit son café face à l'immeuble qui s'éveille. Sans ses lunettes, il ne distingue que des silhouettes floues, mais il adore le spectacle de ces fenêtres s'allumant les unes après les autres, comme des vitrines de Noël. Au quatrième étage, à côté des rideaux toujours fermés, il y a ce couple avec un bébé : impossible de dire s'ils sont laids ou beaux, si le petit est fille ou garçon, mais qu'importe, Karim ne se lasse pas du spectacle de cette famille. Un instant, il pense à Marina, son ex : ils étaient bien, tous les deux, pourquoi lui a-t-elle collé une telle pression, si vite ? Vouloir faire des projets d'avenir après seulement six mois, c'est grotesque : à 35 ans, on a le temps, quand même !

8 h 30 : Dans le RER, Karim vérifie qu'il n'a pas oublié les copies des 3e B : lorsqu'il relève la tête de son cartable, il voit, face à lui, une femme enceinte qui s'agrippe à la poignée du plafond. Il se lève pour lui laisser sa place, elle le regarde… bizarrement, puis finit par prendre son siège. Soudain, Karim a un doute : et si elle n'était pas enceinte, simplement grosse ? Elle doit se sentir si mal à l'aise, il faut réagir ! Pris d'une illumination, Karim lui fait un signe pour lui indiquer qu'il souhaite récupérer son siège. Mauvaise idée. La fille ouvre la bouche, interloquée, tandis que ses voisines le dévisagent de la tête aux pieds. C'en est trop : il descend à la station suivante, à un kilomètre du collège Jean-Luc Lahaye : tant pis s'il doit finir à pied, ces regards de femmes qui le jugent, c'est insupportable.

9 h 10 : Le premier cours de Karim va commencer, mais il n'a pas le trac. Depuis huit ans qu'il enseigne, il a trouvé la parade à son angoisse : il lui suffit d'enlever ses lunettes avant d'entrer en classe et, comme par magie, les élèves deviennent une masse indistincte. Aujourd'hui il rend les dissertations sur « Madame Bovary » et, comme craint, les filles sont complètement passées à côté du personnage, rivalisant de cucuterie, de formules du style « ce n'est pas l'arsenic qui tue Emma, mais bien son cœur brisé »... Ajoutez à ça les ronds sur les i et le style digne des dialogues de *Plus belle la vie*, c'est une véritable hécatombe.

13 heures : Au self des profs, Karim erre, son plateau à la main. Il a remis ses lunettes, ce qui est plus pratique, en un sens... un sens seulement. Au beau milieu de la salle, Lise, avec qui il est sorti trois mois l'année dernière, est attablée, seule. C'est elle qui est partie et, depuis, c'est lui qui est obligé de l'éviter, un comble ! Karim hésite, avance, recule, mais la jeune prof d'allemand lui fait signe devant tout le monde, le voilà coincé. À peine Karim a-t-il entamé ses crudités que le feu commence. Le buste penché vers lui, Lise le harcèle de questions : Est-ce qu'un jour, au moins, il aura le courage de lui expliquer ce qui s'est passé entre eux ? Qu'est-ce qui ne tourne pas rond chez lui ? Pourquoi ce refus de toute intimité, de, de... C'en est trop pour Karim qui, épouvanté, balaye la salle du regard et hèle la première personne qui passe : le répugnant responsable des quatrièmes, Jean-Jacques Charcal, rebaptisé « le chacal » par les élèves n'a jamais aussi bien porté son surnom : Karim en sera quitte pour supporter son haleine d'outre-tombe jusqu'au dessert. Déjà, Lise a quitté la table, un rictus de dépit aux lèvres.

20 h 30 : Chemise immaculée et mocassins en cuir, Karim s'est fait beau pour aller chez sa sœur. Il n'est pas friand du principe du dîner de célibataires, mais Sofia l'a assuré que deux des jeunes femmes qu'elle a invitées sont tout à fait son style. Pfff... Qu'est-ce qu'elle en connaît, de son style, d'abord ? Son

style, selon les jours et les circonstances, ça peut être une nana dans un bar, qu'il ne reverra jamais, ou bien une autre, une « vraie », avec qui il se sent bien... Et de toute façon, que ça dure une nuit ou six mois, il finit toujours par se sentir traqué et elles finissent toujours par se barrer !

20 h 42 : Karim enlève ses lunettes avant de sonner chez Sofia, le meilleur moyen de tenir son angoisse à distance. Pas de chance, il se prend les pieds dans le tapis du salon. Quand il se relève, il est aux genoux d'une fille. De près, il voit bien. Et ce qu'il voit lui plaît : les jambes sont fines, surmontées par un col roulé trahissant une poitrine prometteuse et un petit visage à la bouche rose.

20 h 55 : Elle s'appelle Ninon, et Sofia a assis Karim à sa droite. En face, il y a cette Audrey dont il a du mal à détailler le visage, mais sa façon de croiser les mains sur le cœur quand elle parle et son rire de pintade l'énervent. À côté d'elle, un gros blond tente d'éblouir tout le monde en enfilant des citations du Lagarde et Michard... Pathétique. Karim est content de voir que Ninon ne le regarde même pas.

21 h 02 : Aïe. Cas de conscience pour Karim. Vincent lui demande de trancher entre Denis le relou et Ninon au sujet de la bio d'Apollinaire. Le problème, c'est qu'ils ont un peu raison tous les deux... Le poète est bien « mort pour la France » en 1918, mais d'une grippe espagnole contractée sur le front. Karim n'hésite pas longtemps et assure à l'assemblée que c'est elle qui a raison. Ninon se tourne vers lui et lui décoche un sourire à régler définitivement le problème du réchauffement climatique.

23 h 30 : Quel bonheur d'être auprès d'une femme si douce, si observatrice, si fine ! Depuis plus de deux heures, Karim ne l'a pas entendue dire une seule connerie, rien que des réflexions en demi-teinte, toujours justes. Il n'a aucune envie de rentrer mais, hélas, elle se lève, il ne peut pas rester seul avec sa sœur et son beau-frère, ils seraient capables d'exiger un débriefing du dîner.

Karim attrape son blouson et emboîte le pas de Ninon. Sur le palier, soudain, elle se retourne et lui propose de le déposer chez lui. Quelle femme ! Quelle audace ! Karim n'en revient pas.

23 h 31 : Non ? Pas possible, ils vivent à la même adresse !

23 h 32 : Karim est abasourdi : mais qu'est-ce qu'il se passe ? Ninon a l'air furieuse, tout d'un coup ?

23 h 32' 25" : Oh non, elle lui a claqué sa portière au nez ! Mais pourquoi ? Il l'a sûrement croisée dans l'immeuble, donc il aurait dû la reconnaître, c'est ça ? Mais il est myope comme une taupe, sans ses lunettes, il est incapable de compter ses orteils ! Pas possible, ce n'est pas une compliquée, une fille à histoires, pas elle ! Karim tenterait bien de rattraper Ninon, mais sa voiture a déjà disparu dans la nuit.

(Si, comme Karim, vous ne comprenez pas ce qu'il s'est passé, retrouvez la version de Ninon dans le chapitre 7, « La coincée »...)

LES CLÉS DE SON COMPORTEMENT

Son problème

Le mutique est un homme qui n'arrive pas à exprimer ses émotions (joie ou tristesse) ni ses sentiments amoureux. C'est comme s'ils étaient enfermés dans un jardin secret, dont il garde la clé bien serrée au fond de sa paume. Son attitude décourage ses prétendantes. Mais, s'il a miraculeusement réussi à créer un couple avec une femme qui espérait qu'il change, un jour vient où sa compagne, qui a besoin d'entendre des mots (d'amour entre autres) qu'il ne prononce jamais, finit par le quitter.

Ce qu'en disent les psys

Tous les hommes sont un peu mutiques. Mais, chez certains d'entre eux, le silence est si symptomatique de leur personnalité qu'il en devient un véritable handicap pour vivre à deux. Le mutique est victime d'un blocage. Il se blinde pour empêcher l'entrée dans son univers intime.

Honteux à l'idée d'exprimer ses sentiments, et malheureux, il observe avec mépris et envie ceux qui arrivent à dire ce qu'ils pensent.

Le mutique n'est pas forcément un homme timide, il peut être avenant au travail, fin négociateur, bon camarade, voire bavard. Mutique mais pas muet...

Dès lors qu'il se trouve dans une situation où il doit se livrer, il se referme telle une huître, et se bloque dans le silence. Le mutique est un homme qui a intégré l'idée que parler de soi n'est pas bien.

Un problème d'éducation des garçons

On ne devient pas un homme mutique par hasard. Soit on l'a fait taire petit (et on peut imaginer le pire, à savoir qu'il a pu voir ou entendre des choses dont il avait l'interdiction de parler), et on l'a empêché de s'exprimer avec sincérité, soit il appartient à une famille où l'on considère qu'il n'est pas correct de parler de soi. Il y a des parents qui pourchassent chez leurs enfants le « moi, je », qui ne leur donnent jamais la parole (à table ou ailleurs), et qui leur font passer l'idée que, dans la vie, on doit s'occuper plus des autres que de soi. En transmettant certaines valeurs (certes nobles) on peut aussi casser chez son garçon sa capacité à exprimer ce qu'il est et ce qu'il ressent.

Lorsqu'on grandit dans une famille où l'on parle de ses émotions, où on est « vrai », sans jouer de rôle, il devient plus facile une fois adulte de s'exprimer dans son couple.

Des idées reçues sur les hommes et les femmes

Communément on dit aux petits garçons quand ils se font mal : « Sèche tes larmes et tais-toi. » On leur apprend ainsi à ne pas exprimer leur douleur, comme si les émotions des mâles n'étaient pas autorisées. Le « conduis-toi comme un homme, bon sang ! » donne au garçon l'habitude de ravaler ses larmes, et de taire ce qui lui a fait mal...

Dans toutes les sociétés il est acquis que les femmes parlent de tout et de rien, et que les hommes ne doivent pas se perdre dans les futilités. La plupart d'entre eux pensent que leur masculinité découle de cet état de fait, même si au fond les babioles et les ragots les amusent. Il n'y a qu'à être une petite souris et se glisser dans un univers « viril » (troisième mi-temps de rugby, machine à café de concessionnaire de voitures, toilettes de l'Assemblée nationale...) pour s'apercevoir que le niveau de conversation rase le plancher, et que le redressement qui les préoccupe le plus n'est pas toujours celui de la dette publique. Qu'importent leurs aspirations profondes, les hommes sont conditionnés, c'est pourquoi ils rechignent à aller voir un film romantique, « pour les filles, où il ne se passe rien sauf des bisous et du blabla ».

Comme le dialogue est une chose complexe pour lui, le mâle développe son habileté manuelle (qui dans certains cas – rares mais attestés – va jusqu'à lui permettre de changer un rouleau de papier toilette vide). Il prend l'option d'exprimer autrement que par la parole ses sentiments envers la femme qu'il aime. Il estime que donner de sa personne en faisant le marché, ou dépatouiller un problème sur l'ordinateur, c'est montrer son amour. Pour lui, monter une cuisine Ikea pour sa compagne, c'est la plus belle des déclarations (et là, il faut bien reconnaître que c'est le cas).

Les disputes

On ne peut vivre à deux sans se disputer, les désaccords sont d'ailleurs symptomatiques d'un couple qui va bien. C'est quand il n'y en a pas que l'on peut se demander si l'un des deux ne s'efface pas totalement au profit de l'autre. Le mutique, lui, esquive à chaque dispute. Elles dégénèrent en de longs jours de silence absolu, qui se concluent par une non-explication, puis par un retour à la normale.

Un homme qui, dès la première réflexion, se ferme complètement, a peur d'être jugé et n'arrive pas à exprimer d'une manière calme ce qu'il ressent. Il n'est pas facile de dire les choses qui ne vont pas, sans en passer par une forme d'agressivité. Le mutique craint de faire du mal et préfère se renfermer. Mais il oublie l'essentiel : parler à l'autre de ses peurs ou de ses limites n'est pas un signe de faiblesse (car on en a tous), au contraire, ce sont ces paroles qui créent de l'intimité.

Exercice pratique : parler... ou pas, lorsqu'on fait l'amour

La communication sexuelle ne s'apprend pas, il faut du temps pour arriver à s'exprimer avec sincérité et délicatesse dans ces moments-là. Parler de sexe entre conjoints est très périlleux. Il faut que l'homme soit d'abord en confiance et, on ne le dit pas assez, sa partenaire aussi. Et encore plus s'il y a des sentiments ! Lorsqu'une femme sent son plaisir venir et que son compagnon lui parle de ses fantasmes de manière trop crue, le risque de malentendu est réel : les mots, pris dans leur sens littéral, peuvent être source de blocage.

Les paroles que l'on prononce lorsqu'on fait l'amour sont certes importantes, mais les sensibilités diffèrent. Il y a ceux qui parlent un peu, beaucoup ou pas du tout, d'autres qui discutent de tout et de rien, ou encore de ce qu'ils préfèrent... Certains apprécient les mots doux, d'autres de plus grossiers... Il n'y a pas de norme, le principal est d'être tous les deux sur la même longueur d'onde. Une femme hyperexpansive, qui n'hésite pas à solliciter la puissance de ses cordes vocales, ne pourra pas faire couple avec un mutique. De la même façon, un homme qui raffole de fesser sa partenaire avec force noms d'oiseaux n'aura que peu de chances de rendre heureuse une femme qui fait l'amour en silence dans le noir. En l'occurrence, personne n'a tort ni raison, ce qui prime, c'est qu'aucun des deux ne soit frustré.

Là où l'alchimie est idéale, c'est lorsque affectif et sexuel peuvent cohabiter. Un homme peut traiter sa partenaire de tous les noms et, trois minutes plus tard, la prendre dans ses bras et lui susurrer des mots d'amour. Beaucoup de femmes craignent d'être perçues en tant qu'objets sexuels, alors que cet instant est comme une parenthèse. Faire l'amour permet de modifier les personnalités et les rôles... juste pour ce moment-là.

Lorsqu'on rencontre quelqu'un, il est nécessaire de se découvrir petit à petit, d'être (au moins au départ) dans la pudeur et sensible à la réaction de l'autre. Il est conseillé de rester dans la suggestion ouverte pour tenter de deviner comment il va réagir, une fois sous la couette, afin de ne pas le brusquer. Et de l'amener progressivement à ce qu'on aime. Si d'emblée, au premier dîner, vous lui parlez de vos fantasmes ou de vos chorégraphies préférées, vous risquez non seulement de lui faire peur, mais d'inhiber ses propres désirs (nous parlons ici de relation qui se veut durable, si vous vous êtes rencontrés grâce au site lechonsnouslespieds.com, autant y aller franco).

Apprendre à pleurer

Le travail personnel du mutique qui veut changer passe d'abord par une acceptation de ce qu'il ressent. Souvent les hommes correspondant à ce profil n'arrivent pas à pleurer. Pleurer est un grand pas à franchir pour que les choses changent : s'autoriser à accueillir une émotion, venue de l'intérieur et qui ne demande qu'à sortir… quelle victoire ! Regarder un film « officiellement » triste et ne pas retenir les larmes qui montent en soi est une étape. Puis voir sur l'écran ou dans un livre une histoire proche de la sienne est un bon moyen pour passer de la fiction à la réalité de ce qu'on a vécu. Le but est de se libérer un peu pour aller dans la bonne direction.

Écrire ce qu'on ne peut dire

On peut passer par l'écriture pour exprimer ce qu'on n'arrive pas à dire. Tout le monde (le mutique particulièrement) a des comptes à régler avec ses parents, ses frères et sœurs, ses copains de lycée, son collègue, etc.

Si le mutisme remonte à l'enfance, il est fort à parier que le jeune ait souffert du regard et des moqueries de ses pairs, rarement tendres avec ceux qui sont les moins « populaires »... C'est le moment d'expurger son ressentiment, de leur écrire ce que l'on a au fond de soi. Le but n'est pas d'envoyer la lettre, mais de coucher sur le papier ce qu'on a subi, pensé et tu. Prendre son temps pour se souvenir des scènes passées qui nous ont marqué, écrire avec exactitude ce que l'on a ressenti à ce moment-là, exprimer enfin ce qu'on aurait voulu crier, ça fait un bien fou. Il vous appartient ensuite de conserver la lettre, de l'offrir à Noël (!), de la poster, de la brûler. Exprimer ce qui nous « pèse » soulage. Une fois « dites » les paroles négatives, il vous sera plus aisé d'exprimer celles qui vous font du bien.

Dire « je t'aime » avant qu'il ne soit trop tard

Si dès la rencontre un homme n'exprime rien de lui, une femme n'ira pas plus loin dans la relation. Un être trop secret sur son passé, sa famille, fait peur, le mystère fait craindre le pire. Et quand il n'y a pas d'échange, on se sent face à un mur. C'est comme jouer au tennis tout seul !

Les psys et les sexologues reçoivent chaque jour dans leur cabinet des femmes qui souffrent du silence de leur conjoint. Et il est tout à fait courant qu'un homme qui vient d'être quitté parce qu'il ne parlait pas confie au thérapeute : « Elle est la seule que j'ai aimée. » Incapable de l'avoir avoué à l'intéressée, aujourd'hui qu'elle est partie, il arrive, au désespoir, à le dire à un inconnu, mais il est trop tard. Quel gâchis !

Pour rassurer celles qui nous lisent et qui vivent avec un « ours », soyons clair : oui, un homme peut aimer profondément sans jamais le dire. Mais du côté de la compagne, pour autant, c'est ce qui est le plus difficile à supporter. Une femme a besoin d'entendre « je t'aime », sinon elle part, ou sombre (dans la dépression, l'alcool...).

Et pourtant, c'est une rencontre qui peut être salvatrice. Si le mutique a un blocage de comportement léger (pour les blocages profonds, il vaut mieux voir un spécialiste), une femme « psychologue » et patiente saura l'amener au changement. Si une fille lui dit : « De tous les hommes que j'ai rencontrés, tu es le plus généreux... même si tu ne parles pas beaucoup », quelques défenses vont baisser, quelques mots pourront être dits.

Sans le forcer à parler, si dès la rencontre (c'est dès le début qu'il faut agir) il se sent en confiance, il peut relâcher quelque chose de lui qui va l'amener vers la parole.

16

L'homme en colère

CE QUE LES GENS QUI LE RENCONTRENT DISENT DE LUI

Pourquoi il a l'air de m'en vouloir personnellement, ce type... je lui ai rien fait?

CE QUE SES COPAINS DU LYCÉE DISAIENT DE LUI À 18 ANS

Si seulement il nous obligeait pas tout le temps à signer des pétitions!

CE QUE SES PROFS DU LYCÉE DISAIENT DE LUI

Dans vingt ans il est en prison... ou alors président de la République!

CE QUE SA MÈRE LUI RÉPÈTE

C'est bien beau, la révolution, mais c'est pas ça qui repassera ton linge!

CE QUE SON MEILLEUR POTE LUI RÉPÈTE

La femme qu'il te faudrait, c'est Arlette Laguiller. Mais en jeune, avec des seins, tu vois?

CE QUE SON PATRON PENSE DE LUI

Si seulement il mettait autant d'ardeur à bosser qu'à tracter dans les couloirs...

CE QUE SON EX DIT DE LUI

Les expériences les plus épuisantes et les plus bruyantes de toute ma vie, par ordre croissant? Mon trek aux chutes d'Iguaçu, le concert des Guns N' Roses dans la fosse et mes six mois de vie commune avec Patrice...

POUR PATRICE, LE MARIAGE *NO PASARÁ*

7 h 25. « Le vent nous portera », assure Bertrand Cantat dans la chambre de Patrice. Même si l'hymne militant de Noir Désir est souverain pour son humeur matinale, il se lève en râlant : hier soir, la réunion du collectif régional du TFPEV (Tout Faire Péter Et Vite) s'est terminée à pas d'heure et il doit quand même aller au boulot. Vie de misère.

7 h 57 : Après une douche à peine tiède de quarante secondes, Patrice met deux cuillères d'arabica équitable dans le filtre réutilisable, hélas troué, de son pichet en grès. Il se brûle en versant l'eau bouillante mais serre les dents : tant pis pour le marc qui déborde un peu partout, jamais il n'achètera une cafetière électrique dévoreuse d'énergie et surtout made in China par des enfants faméliques. Quand il pense que Perrine rêvait d'une machine à capsules !

7 h 58 : Le souvenir de son ex lui serre un instant le ventre. Elle est partie en disant qu'il était invivable, mais en fait ils venaient de deux planètes différentes, voilà tout. Il se rassérène en pensant qu'au train où allaient les choses, elle aurait fini par voter Modem.

8 h 20 : Dans le train qui le conduit au boulot, Patrice, *alias* #fucklamondialisation twitte son compte rendu de la réunion de la veille : la manif contre les gaz de schiste approche, il faut mobiliser et vite. Certes, le smartphone de Patrice n'a vraisemblablement pas été fabriqué à Périgueux, mais c'est bien sa seule concession à cette saloperie de « progrès » qui laisse les trois quarts de l'humanité sur le carreau.

8 h 55 : Patrice arrive à la jardinerie. Le magasin n'ouvre qu'à 10 heures mais il y a toujours de la manutention le matin :

en voyant les oliviers en pot qui viennent d'être livrés, Patrice s'époumone : des arbres méditerranéens, en Normandie ? Ils vont crever, qu'on ne compte pas sur lui pour conseiller ça à un client !

9 h 10 : Dissimulé par la porte de son placard, Patrice tente de découdre le logo de son uniforme de vendeur avec un sécateur en promotion. Dans son dos, la voix de sa boss le met en garde : « Patrice, tu sais que, si tu fais ça, je vais devoir retenir le prix de ta veste sur ton salaire. » Patrice râle : « Être tagué du nom de son employeur, pourquoi pas un tatouage d'esclave ? – Parfois, je me demande pourquoi je t'aime bien », sourit Nathalie, la directrice du magasin.

9 h 20 : Le temps de placarder une affiche pour la manif dans la salle du personnel, Patrice rejoint ses collègues en râlant : le samedi, c'est « le jour des bourgeoises », il va devoir encore prendre sur lui.

10 h 30 : On dirait que toutes les « résidentes secondaires » de la région se sont donné rendez-vous à la jardinerie pour dépenser un Smic de bulbes. Aux prises avec une blonde en blouson de lapin qui le bombarde de questions sur les crocus, il finit par s'impatienter : « Au pire, votre jardinier se débrouillera ! » La cliente ouvre de grands yeux : « Qu'est-ce que vous croyez, c'est moi qui fais tout au jardin ! » Patrice mettrait sa main à couper qu'elle pipeaute.

12 h 30 : À la pause, un groupe de collègues lui propose de déjeuner au Quick : pourquoi pas au McDo, grand Satan de la malbouffe américanisée, tant qu'ils y sont ? grince Patrice. Mais en voyant le sourire de la jolie Lila, il hésite. Nathalie, quand elle n'exploite pas les petits coeff, est une fieffée entremetteuse et elle assure qu'il plaît bien à la nouvelle. Allez, ça fait déjà neuf mois qu'il est seul, il faut faire un effort.

12 h 37 : Patrice pénètre dans le Quick de la ZAC. Foutu pour foutu, il est bien décidé à tracter. Les affiches publicitaires ont de quoi rendre dingue : vanter le made in France dans un

fast-food, quel foutage de gueule, dit-il tout haut ! Tandis que le groupe s'installe à une table, il se déclare volontaire pour passer les commandes. Lila se lève, elle l'accompagne.

12 h 40 : Dans la queue, elle lui demande s'il milite depuis longtemps. Patrice répond : « Depuis mes treize ans, quand mon père s'est fait virer arbitrairement », puis son portable se met à vibrer. Il se détourne un peu pour vérifier ses tweets.

12 h 43 : « Oh ! putain ! Jean-Luc pourra pas venir à la manif ! On n'est pas aidés, je te jure ! – Jean Luc qui ? » interroge Lila.

12 h 44 : « Jean-Luc qui ? » Patrice demande à Lila si elle blague.

12 h 44' 30" : Lila ne blague pas.

12 h 57 : Patrice questionne l'hôtesse de caisse : les conditions de travail ne sont pas trop pénibles, ici ? Elle hoche la tête, non ça va, elle a pu avoir les horaires qu'elle demandait.

12 h 58 : Patrice lui tend quand même un tract : Le TFPEV sera toujours là pour défendre ses droits !

12 h 59 : L'hôtesse de caisse rend poliment le tract à Patrice. Elle est en école de commerce : même verte, l'ultragauche, c'est pas son kif.

13 heures : Lila regarde ses pieds pour ne pas voir la tête de Patrice.

13 h 01 : La commande est prête. Patrice est sûr que ces salauds de capitalistes ne rendent pas la monnaie sur les tickets-restaurant.

13 h 02 : On lui rend la monnaie sur les tickets-restaurant.

13 h 05 : À table, les collègues saluent le retour du « Che » avec son plateau. Lila ne connaissait pas le surnom de Patrice, mais l'Argentine, c'est sa passion : elle apprend le tango ! Tiens, ce soir, elle a cours et il lui manque un partenaire !

13 h 07 : Patrice demande à Lila si elle sait que 23 % des Argentins vivent sous le seuil de pauvreté et qu'avec

une inflation de 22 %, conséquence directe de décennies d'ultralibéralisme, ça ne risque pas de s'améliorer.

13 h 08 : Lila regarde Patrice sans rien dire. Olivier, chef du rayon outils de jardin et ex-rugbyman professionnel, dit qu'il est libre pour danser le tango, lui, demain soir. Lila lui sourit.

16 h 39 : À la jardinerie, Lila vient de vendre un salon de jardin de huit pièces. Patrice observe, de loin, Olivier qui se rapproche d'elle, soi-disant pour la féliciter, ben tiens. Il lui murmure quelque chose à l'oreille. Le chacal ! Lila éclate de rire.

16 h 41 : Il faut réagir, et vite. À défaut de pouvoir coller un bourre-pif à Olivier – il fait quand même 100 kilos et 1,89 mètre –, Patrice a une illumination. Il s'approche de Lila et lui glisse que, si elle pouvait annuler son cours ce soir, il l'emmènerait bien quelque part, juste tous les deux.

16 h 42 : Lila constate une nouvelle fois que Patrice a les plus beaux yeux verts du monde. Elle hésite quand même… Les cours sont payés d'avance, c'est bête, on ne peut pas dire demain ?

16 h 43 : Patrice agite l'index de droite à gauche. Il lui explique qu'il y a urgence, elle comprendra. Il lui fait son sourire aux dents blanches, puis se passe la main dans les cheveux, le regard implorant. Lila dit d'accord et file expliquer à Olivier que le tango de ce soir est annulé, un contretemps.

20 h 39 : Lorsque Patrice sonne à l'interphone, Lila dévale l'escalier, toute jolie avec son jean blanc moulant et ses hauts talons.

20 h 40 : Patrice attend sur le trottoir en twittant. Il a un pot de colle et deux balais sous le bras. Il tend à Lila une salopette de peintre avec un clin d'œil.

20 h 41 : Lila remonte chez elle, bien décidée à prendre sa carte de l'UMP.

LES CLÉS DE SON COMPORTEMENT

Son problème

L'homme en colère est en guerre contre tout, tout le temps. Jamais content, très pessimiste sur le monde tel qu'il tourne (mal), il est en conflit avec chacun (voisins, famille, patrons, curés, riches, gouvernement, etc.). Très pénible à supporter au quotidien, il fait vivre une tension permanente à sa compagne, qui finit par le quitter.

Ce qu'en disent les psys

Un homme est en colère parce qu'il projette sur le monde extérieur tout ce qu'il a de négatif à l'intérieur de lui. Il est « hors de lui ». Sa fureur est un antidote à sa détresse. Tout est bon pour alimenter son ressentiment, ce qui lui permet de ne pas créer cet espace ambivalent où il pourrait se remettre en question. En amour, l'homme en colère crée un lien très symbiotique à l'autre. La relation fusionnelle est sa seule façon d'entrer dans cette relation, où l'autre va devoir approuver tout ce qu'il dira.

Quelqu'un de bien : un mari et un ami fidèle

L'homme en colère a un grand cœur et protège les faibles. Il est l'éternel défenseur de la veuve, de l'orphelin… et des causes perdues. On vient rarement provoquer un colérique, ses coups de gueule impressionnent, il est respecté, sinon craint.

D'autant que c'est un homme de valeurs (courage, travail, fidélité, respect...). C'est un bon orateur aux arguments étayés et ses connaissances juridiques ou géopolitiques le font souvent passer pour un intellectuel.

L'homme en colère rencontre des femmes qui l'admirent, mais il ne joue pas de sa séduction. Ce sont les grandes causes qui l'intéressent, pas les embrouilles et petits arrangements : pour lui, l'infidélité est « réservée aux minables ».

À ses côtés une fille fragile se sent en sécurité, elle sait qu'il peut se battre pour elle. En adoptant son schéma de pensée, une femme qui doute d'elle n'a plus à se dire : « C'est parce que je suis incapable que je ne réussis pas à faire ça », puisque c'est tout le système qui est injuste. Être en colère contre le monde entier évite de se remettre en cause, ce qui est très confortable...

L'homme en colère noue aussi des relations fraternelles intenses avec ses amis (qui partagent les mêmes idées). Refaire le monde des nuits entières, partager le pain, manifester son indignation, pour lui l'amitié est un terreau fertile. Il a des convictions, au nom desquelles on peut tout lui demander. Entre hommes en colère, se battre puis se tomber dans les bras est une façon classique de manifester cet aspect : soit on est collé, soit on se tape dessus. En amitié non plus, il n'y a pas de place pour la médiation...

Une vie de couple épuisante

L'homme en colère a besoin de vivre en couple, car il veut pouvoir bénéficier d'une oreille attentive à son indignation.

La femme qui partage son quotidien est obligée de s'effacer. Il la prend à témoin en permanence, elle doit approuver tout ce qui vient alimenter son ressentiment (son patron odieux, le collègue fourbe, l'administration injuste...).

Si sa compagne remet en cause sa responsabilité, évidemment c'est insupportable pour lui. « Non seulement personne ne me comprend, mais en plus celle avec qui je vis n'en est pas capable non plus ! » La colère se retourne contre elle.

Sa femme en vient à ne plus avoir de personnalité, tout au moins, à ne plus manifester ses propres idées pour éviter la crise (de toutes les rébellions, même la plus minime est intolérable au colérique). Il n'y a aucune place pour la discussion dans son couple.

Exercice pratique : le statut de l'altérité

Lorsqu'on tombe amoureux de quelqu'un, on est logiquement séduit par la spécificité de sa personnalité (ses goûts, ses habitudes, son parcours, son éducation...). Si on veut créer un couple solide, il faut se poser la question du statut de l'altérité. C'est-à-dire la place que l'autre occupe pour soi.

Dans le cas de l'homme en colère, la femme est niée dans sa singularité, elle ne peut être différente de lui. Pour d'autres, le conjoint doit être le miroir de son propre éclat, et on lui demande de nous faire briller. C'est le cas de la « fille trophée », seulement magnifique au bras d'un homme pour qui tout doit être le reflet de sa réussite. Pour d'autres encore, le conjoint est un objet (voir le chapitre 14, « Le zizi addict »)... Bref, l'autre n'est pas aimé pour lui-même. Si on ne le respecte pas dans sa différence, il s'éteindra (s'il accepte ce rôle), ou s'enfuira.

Sans aller à ces extrêmes, si l'on aime quelqu'un et si l'on veut son épanouissement, il est indispensable que celui-ci existe dans notre univers mental comme un individu séparé... À nous de nous remettre en question, et de faire un travail pour que chacun (re)trouve sa juste place.

Les raisons de la colère, de l'enfant victime à l'enfant adoré

Parvenu à l'âge adulte, un enfant ayant subi une injustice raciste ou sociale, et qui n'a pas su se pencher sur ce qu'il lui est arrivé de négatif l'aura sans doute occultée. Faute de parents qui l'auront aidé à faire le processus d'analyse et de pardon (eux-mêmes étaient peut-être des victimes passives), il aura tendance à chercher dans tout un tas de causes extérieures (sociales, politiques, historiques) une façon de projeter sa colère (le syndicaliste, le révolutionnaire, le militant...).

Un jeune qui a été très couvé par ses parents, trop écouté et jamais contredit, a de grandes chances de devenir aussi un homme en colère.

C'est l'exemple du garçon qui vit seul avec sa maman. Un jeune roi qui n'est pas souvent contrarié, pas amené à intérioriser, à approcher sa culpabilité, devient colérique. Si elle ne lui dit jamais qu'il a tort, s'il ne reconnaît jamais ses fautes, il devient le chevalier servant de sa mère et la défend (fantasmatiquement et inconsciemment) contre tous les méchants qui pourraient l'attaquer.

Une société sans frustration ni renoncement

On nous apprend de plus en plus, dès l'enfance, à ne pas renoncer, à avoir une personnalité forte, à s'imposer, à s'affirmer, à réclamer ce qu'on veut, etc.

On met tout petits les enfants en situation de s'interroger sur leurs désirs (qu'est-ce que tu veux manger? qu'est-ce que tu préfères faire ce week-end?). Ils ne savent plus, une fois adultes, ce qu'est la frustration.

Les thérapeutes s'étonnent de voir des couples qui consultent après un an de vie commune car ils ont du mal à rester ensemble. Il y a vingt ans, ça n'arrivait jamais. Ça veut dire

que quelque chose dans notre société pousse tellement à la préoccupation de soi, de son désir, de sa jouissance, de son plaisir, de son destin... qu'il est difficile de vivre en couple. Même si on est équilibré, on impose notre superexigence dans tous les domaines.
Sans compter ce fait sociologique : on n'a plus besoin d'être marié pour exister dans la société actuelle. Ce n'est plus une tragédie de divorcer, de se séparer. Or la vie à deux est faite de renoncements, de frustrations qu'il faut accepter. On n'a pas toujours envie du gigot/haricots dominical de la belle-mère, on n'est pas forcément fan des week-ends à la campagne..., mais faire plaisir à l'autre est indispensable.
Que voulons-nous vraiment dans notre vie intime? Couple ou célibat?
« La liberté existe toujours, il suffit d'en payer le prix » (Henry de Montherlant).

Le quitter pour exister à nouveau

Les hommes en colère qui s'en sortent le mieux sont ceux qui s'engagent dans un parti politique, un syndicat ou une association. C'est-à-dire ceux qui arrivent à transformer leur ressentiment en une forme d'intégration sociale.

Ceux qui sont rongés par la colère, mais n'en font rien, s'en tirent moins bien. Ils se plaignent et en permanence disent du mal du monde entier. On les croise derrière un pseudo sur les forums fielleux d'internet.

Pour ceux-là, peu à peu la situation empire, l'homme en colère peut même flirter avec la paranoïa. Un jour sa femme n'en peut plus... Pour rompre elle doit fuir.

Si elle a un enfant, elle doit le protéger, car pour lui aussi c'est terrible. Par principe, un petit se sent toujours responsable (hélas...) ; alors, si son père est constamment en colère, il va se construire sur l'idée que c'est sa faute.

Être quitté est inacceptable pour l'homme en colère. Pas de médiation… il va entrer en guerre dans le divorce. C'est le genre d'individu qui fait un procès pour prouver que son ex est la méchante et que lui est formidable.

Pour sauver son couple, une thérapie toute en finesse

Comme l'homme en colère projette tout, il n'ira pas seul voir un psy, ce qui l'obligerait à devoir intérioriser. En revanche, il peut être traîné par sa femme en thérapie de couple, parce qu'elle n'en peut plus et menace de le quitter.

La première fois où le thérapeute les voit ensemble, il fera attention à ne pas adhérer a priori et sans réserve à ce que dit l'épouse. Aller dans le sens de celle-ci, valider ses plaintes mettrait l'homme en colère pour de bon et il ne reviendrait plus.

Le psy ne travaille donc pas directement sur lui mais, par le biais de sa compagne, sur ce qui se joue dans la relation. Et sur la façon dont, à son insu, l'homme utilise la femme dans son processus de colère. Les jeux de rôles fonctionnent bien, en inversant… ou juste en décryptant des bouts de dialogues de la vie quotidienne.

Dans un cabinet, le thérapeute est un témoin impartial. Une fois que l'homme en colère l'a compris, les choses peuvent bouger. Pour avancer avec lui, il faut lui faire prendre conscience de ce qu'il fait subir à sa compagne.

S'il est suffisamment attaché à son couple, et pas trop fou, il peut l'entendre. Et puis, s'il accepte de faire la démarche, c'est qu'au fond de lui l'homme en colère se doute bien un peu de ce qu'il fait subir à sa femme…

17

Le radin

CE QUE SON BANQUIER DIT DE LUI

C'est le seul client qui m'ait fait négocier ses agios à 2 %... alors qu'il n'a jamais été à découvert de sa vie.

CE QUE SON EX DIT DE LUI

J'ai reçu deux cadeaux de Serge en dix-huit mois. La première fois, il m'a offert une boîte de chocolats entamée et j'ai ri. La seconde fois, il m'a offert une gourmette dorée avec « MMA, zéro tracas » gravé à l'intérieur, et j'ai fui.

CE QUE SES COLLÈGUES DISENT DE LUI

Il est très sympa mais on l'appelle « la pince »... Pour les pots de départ, y en a qu'un qui mette une pièce de deux euros dans l'enveloppe du cadeau commun et on est sûrs que c'est lui.

CE QUE SA MÈRE DIT DE LUI

Mon fils est un amour ! Mais différent de ses frères, c'est vrai. C'est le seul qui, à sept ans, ait demandé à sa grand-mère d'indexer ses étrennes sur la hausse du coût de la vie...

CE QUE SON MEILLEUR POTE LUI RÉPÈTE

Serge, promets-moi qu'une fois, rien qu'une fois avant la fin de ce siècle, tu ne diras pas que t'as plus de liquide au moment de payer la tournée...

CE QUE LE TYPE QUI TÉLÉPHONE DEPUIS UNE PLATEFORME EN TUNISIE POUR VOUS VENDRE DES FENÊTRES EN PVC DIT DE LUI

C'est pas le gars qui m'a tenu la jambe pendant deux heures pour m'extorquer 30 % sur la pose ? Avant de me dire qu'il n'avait pas besoin de fenêtres ? Ça m'a donné envie de me mettre sur liste rouge.

CE SOIR, SERGE SORT LE GRAND JEU

7 heures : Les mois d'hiver, c'est le bruit de la chaudière qui réveille Serge chaque matin : lorsqu'elle se met en route, ça pétarade un peu, mais il y a quelque chose d'infiniment plaisant à se dire que s'il l'entend, là, c'est que toute la nuit, elle était éteinte. La température de la pièce, à 16 degrés, c'est idéal pour bien dormir, les médecins sont unanimes. Encore dix minutes sous la couette, le temps que le ballon soit tiède, et Serge enlèvera sa polaire et ses chaussettes pour filer sous la douche. Il ne prend jamais de bain car il sait bien que cinq minutes sous une eau pas trop chaude (c'est mauvais pour la santé, il l'a lu dans son quotidien gratuit) sont amplement suffisantes pour être propre comme un sou neuf.

8 heures : En finissant son bol de chicorée et ses céréales hard discount, Serge a une pensée pour tous ces malheureux qui se laissent berner par le marketing : son petit déjeuner lui revient à moins de 35 centimes d'euros, il l'a calculé, mais avec des produits de marque, ça pourrait monter jusqu'à 80 centimes, voire 1 euro, carrément !

8 h 30 : Avant de partir au bureau, Serge met la chaudière en position « hors gel » jusqu'à son retour, vers 19 heures. Puis il glisse un billet de 10 euros dans son portefeuille pour la journée et ses coupons de réduction du DIA, au cas où. Serge ne prend pas l'ascenseur, il l'a bien précisé à la réunion de copropriétaires, le jour où il a obtenu d'être exempté d'une partie des charges : « Je suis claustrophobe. »

9 heures : Quand Serge arrive au bureau, son équipe le salue joyeusement : « Bonjour, patron ! » Serge aime beaucoup ses « p'tits gars », comme il les appelle, qu'ils soient filles ou

garçons, d'ailleurs. Il aime travailler avec des jeunes, et pas seulement parce qu'ils coûtent moins cher. Leur énergie, leur envie d'en découdre, tout ça est très stimulant pour la boîte. Bien sûr, ils ont les défauts de leurs qualités, ce côté « vanneur » de la génération Y… Le chef d'entreprise se souvient encore du jour où il a trouvé une tirelire à l'accueil, étiquetée « Sergethon, tous ensemble pour aider le boss à acheter une machine à café électrique »… Mais bon, rien de méchant et par les temps qui courent, les seize salariés sont bien contents d'avoir un patron attentif aux dépenses et, conséquemment, une boîte qui s'en sort à peu près (1,2 million d'euros de bénéfices en 2012 – mais ça, Serge ne l'a pas crié sur tous les toits, seule la comptable est au courant : avec la conjoncture, pas question de laisser les p'tits gars rêver à des choses délirantes du genre augmentations ou primes).

13 heures : Serge convie Marine, sa plus ancienne collaboratrice et amie, à déjeuner. Étonnée, elle lui demande ce qui lui vaut cet honneur : « J'ai besoin de ton avis sur un dossier sensible, allez, prends tes tickets-restau, on file. »

13 h 30 : « Ça n'a rien à voir avec l'égalité des sexes ! » Marine est catégorique : pour un premier rendez-vous, un homme ne peut pas proposer à une femme de partager l'addition. Sandy, que Serge a rencontrée sur internet s'attend forcément à une chouette soirée… « Et pas au Buffalo Grill, hein ? » Son patron se renfrogne, il en a marre de passer pour un radin, alors qu'il est juste un citoyen modèle, soucieux de gaspillage… Imaginons que Sandy soit moche, en vrai ? Tout ça pour ça ? Mais bon, c'est son risque, comme lui rappelle Marine. Et c'est sûr que, depuis que Noémie l'a quitté (une accro de la consommation, celle-là, du genre à pouvoir acheter en un week-end plus de chaussures en soldes qu'il n'y a de jours dans la semaine !), il se sent bien seul, le soir…

19 h 30 : Serge est repassé chez lui pour se changer. Au moment de partir à son rendez-vous, il vérifie son reflet dans

le miroir : avec son costume fétiche, il a fière allure : personne ne pourrait dire qu'il l'a eu en promo sur Groupon, à – 70 % ! Avant d'éteindre le chauffage, il hésite... Si tout se passe bien, peut-être finiront-ils la soirée ici et, dans ce cas, mieux vaut prévoir une température de 17 degrés, les femmes sont tellement frileuses... En même temps, prendre le pari avant de connaître Sandy, c'est quand même mettre la charrue avant les bœufs... Et puis, en cas de gros coup de foudre réciproque, elle a sûrement un chez-elle. Serge appuie sur « hors gel » : les dés sont jetés !

20 h 15 : Sandy arrive pile à l'heure au rendez-vous. Elle est tout à fait ravissante, sans ex-mari ni enfant à charge et, incroyable, elle bosse chez Free ! « Tu as tout compris », lui glisse finement Serge, fan de l'opérateur low cost depuis la première heure.

21 heures : Sandy accumule les bons points : pas d'entrée, très peu de vin, elle semble frugale comme un moineau ! Elle raconte rapidement sa rupture d'avec un certain David, un fou de jeux vidéo, capable d'y passer des heures, même la nuit ! Les gens sont bizarres, approuve Serge en se demandant si, à la réflexion, le supplément morilles du poulet à la crème était bien compris dans le menu « découverte ».

22 heures : Serge n'en revient pas. Les conjoints des salariés de Free bénéficient de ristournes sur leur facture, eux aussi ! Mais alors, comment ça se passe, pour les forfaits à zéro euro, s'étonne-t-il ? On leur rembourse quelque chose ? Sandy rit. Pourquoi trouve-t-elle cela drôle ?

22 h 30 : Serge ne commande pas de dessert, « juste un café gourmand ». Sandy, elle, demande timidement si elle peut tester le riz à l'impératrice. Serge magnanime, s'écrie « mais bien sûr ! » sans même vérifier sur la carte, mais en se disant que le riz, ça doit pas aller chercher bien loin. C'est plus le côté « à l'impératrice » qui risque de douiller. Mais bon. Cette fille lui plaît vraiment, au diable l'avarice !

23 heures : Serge se lève pour aller payer discrètement la note. Un peu parce qu'on lui a toujours dit que c'était plus chic de ne pas sortir sa carte de crédit sous le nez d'une invitée. Beaucoup parce qu'en tant que client mystère du site radins.com, il a droit à une réduction de 8 euros sur l'addition.

23 h 15 : Sandy a tenu à laisser 10 euros de pourboire. C'est disproportionné et pourtant Serge, retenant les leçons de Marine, a réussi à ne pas récupérer le billet dans la soucoupe pour mettre 5 euros à la place. D'autant que le maître d'hôtel le regardait.

23 h 20 : Sandy et Serge marchent dans la rue côte à côte. Aucun des deux n'a envie de quitter l'autre, c'est l'évidence. Mais assez vite, Sandy se met à grelotter. « J'ai froid, tu veux pas qu'on aille quelque part ? Je t'inviterais bien chez moi, mais je vis chez ma mère, en ce moment… » Serge se fige. « Prends mon bras, ça va te réchauffer. – Merci, mais, tu sais, je suis la fille la plus frileuse du monde, je sais pas si ça va suffire… Tu n'habites pas loin, je crois ? » Serge la regarde et lui sourit douloureusement.

LES CLÉS DE SON COMPORTEMENT

Son problème

Le radin est un homme sociable, affable, qui, indépendamment de ses revenus (on en rencontre de riches, même de très riches), calcule en permanence comment dépenser le moins possible. Plutôt qu'augmenter son patrimoine, il cherche à préserver son bien « au cas où », sous peine de ressentir une angoisse terrible. Le rapport à l'argent étant chose relative (on trouve toujours plus avare que soi), le pingre n'admet jamais son travers. Il se revendique économe, en est même très fier, et ne fait pas le lien avec son célibat. L'avarice étant le péché capital que les femmes exècrent le plus, sa vie est une longue suite de ruptures.

Ce qu'en disent les psys

L'argent n'est pas neutre dans la psyché humaine. En psychanalyse, il est avec le sexe l'autre grand moteur humain qui rassemble tout : nos peurs, nos inhibitions, notre courage, la force désirante...

L'avare est un obsessionnel qui n'a pas fait correctement son stade anal. Il y a quelque chose de l'ordre de la constipation chez lui, qui l'empêche de « lâcher prise ».

On sait ce qu'on perd, mais on ne sait pas ce qu'on gagne…

Tout chez le radin est envisagé en termes de « risque de perdre » quelque chose.

Le lâcher est tellement plus terrible que le gain éventuel, que le pingre a développé une économie de vie très stricte qui lui convient très bien. Ce trait de caractère ne permet aucune souplesse (on n'est pas avare un jour et dépensier le lendemain). Tout comme chez le vieux garçon (voir le chapitre 13), le radin est dans une forme de rigidité, à son insu.

Un réseau de relations opportunes

Il n'y a pas chez lui de notion de gratuité dans ses relations, il s'entoure de ceux qui peuvent lui apporter un service à un tarif préférentiel (plombier, informaticien, avocat, etc.). Très amical, souvent disponible, sympathique, il possède un réseau très important de connaissances, évolutif selon ses besoins. Il n'hésite pas à solliciter un coup de main (gratuit), est toujours ravi de se faire inviter (sans retour, peu de personnes connaissent son « chez lui ») et n'a aucun scrupule à ignorer une addition. Ses amis le chambrent ? Peu lui importe, et s'ils se lassent, le radin en a rencontré plein de nouveaux entre-temps. Roi des bons plans et fin négociateur (il est même capable de marchander le montant de la consultation chez le médecin), il sait dénicher les meilleures occases sur internet et se gargarise sur les forums de son mépris de la société de consommation, sans oublier au passage tous ces gogos qui se font berner en réglant le prix annoncé !

La sexualité révèle le caractère

Les spécialistes sont formels : on ne peut pas être généreux en amour si on est avare avec tout le reste.
C'est en faisant l'amour avec un homme qu'on voit s'il est gourmand, radin, mesquin, drôle, ou s'il plane complètement. C'est dans ce moment intime qu'on sent des choses de lui que l'on n'aurait pas senties autrement (au début de la relation, parce que la routine tue un peu cette expression affirmée du caractère...). Sur le plan sexuel aussi, il ne faut pas perdre de vue que la plupart des femmes sont très sensibles aux attentions qu'on a envers elles, aux mots qu'on emploie, qu'elles attendent d'un homme un minimum de générosité. Malheureusement, le radin ne « donne » dans ce domaine pas plus que dans les autres... et ne se révèle pas le roi des préliminaires !

Un comportement qui mène à la rupture

Le radin n'a pas de problème pour rencontrer quelqu'un, d'autant qu'il a développé beaucoup de qualités pour parer son angoisse de manque : il est travailleur, rassurant, astucieux, organisé... Une femme amoureuse met du temps à réaliser ce qui va la gêner plus tard ! Au début d'une relation, l'évitement de la dépense se camoufle aisément (sport, balade, journée portes ouvertes au musée, places de cinéma offertes...). La difficulté à donner se révèle surtout au quotidien, dans la vie de couple.

Les grands tournants d'une histoire d'amour constituent toujours de lourds investissements psychologiques (voir le chapitre 11, « Le flippé de l'engagement »), mais aussi financiers : se marier (« Tu connais vraiment quatre cents personnes ? »), faire un enfant (surtout les vingt-cinq premières années), acheter un appartement... même divorcer coûte cher !

Le radin sait qu'en matière de couple il risque gros, et se mettre en ménage lui donne des sueurs froides.

Dès le début de la vie commune, il ne peut plus faire illusion, il « faut payer » pour les courses, le loyer, les vacances, tous les postes sont sujets à négociation et tension. S'il ne fait pas de cadeau (« Je t'offre mon amour »), il est généreux en réflexions sur le caractère dépensier de sa compagne (à ses yeux, c'est toujours trop). Peu à peu, elle comprend l'étendue de son avarice et éprouve les plus grandes difficultés à « trouver son compte » dans ce quotidien sans passion, ni plaisir.

Le radin est un homme que l'on quitte avec délectation, sans se retourner.

Mais à bien y réfléchir, c'est lui qui par son attitude a poussé sa compagne à la rupture. Qu'il quitte ou qu'il fasse en sorte d'être quitté, quelle que soit la lecture de la fin de l'histoire, il n'a pas « perdu » la partie. Là encore il s'arrange pour avoir le « bénéfice » du chagrin.

Exercice pratique : question à tous ceux qui rompent chaque fois

Il peut être stratégique de mettre fin à une romance pour ne pas vivre le sentiment de perdre quelqu'un. On quitte ou, ce qui revient au même, la culpabilité en moins, on fait en sorte que tout capote en étant odieux et distant. On peut alors se raconter l'histoire à notre manière, de façon à ne pas avoir « perdu », à trouver une souffrance accommodante avec laquelle on peut fonctionner. Il y a la peine qui vous ravage comme une tornade, et la peine dans laquelle on peut s'installer confortablement et s'emmitoufler en disant « j'ai pas de chance », « ce n'était pas encore la bonne personne » !
Ne jamais souffrir d'une séparation est un signal qui doit nous alerter. Celles et ceux qui rompent systématiquement doivent se questionner : Ont-ils peur de perdre la face? Redoutent-ils

l'abandon au point de partir au premier nuage? Veulent-ils tant se protéger de la souffrance, qu'ils préfèrent éviter le grand amour? Font-ils partie des « hyperexigeants » (voir le chapitre 10)? À vivre des histoires qui n'engagent pas leur cœur, à ne pas risquer de le donner vraiment, on prend celui de ne rien recevoir de consistant. Vaut-il mieux vivre cent ans comme un têtard, ou dix ans comme un lion? Attention, il n'y a pas de bonne réponse...

Une angoisse d'origine inconnue

Nul ne sait comment un homme devient avare, c'est une construction personnelle qui n'a rien à voir avec les parents, parfois très généreux.

Le rapport à l'argent vient très tôt dans l'enfance, et se confirme ou s'infirme dans le temps. Il n'y a qu'à observer une fratrie, et sa gestion de l'argent de poche. Certains dépensent tout en un instant, partagent, d'autres économisent chaque centime et cachent leur tirelire comme Harpagon sa cassette.

Bien sûr, lorsqu'on a vu ses parents tout perdre d'un jour à l'autre, on a moins de chances de devenir prodigue... Mais l'éducation, l'exemplarité et ce qu'on dit à son enfant ne font pas tout.

Parfois celui-ci intègre des non-dits, interprète des informations qu'il a entendues : une histoire de voisine qui a fait faillite, un oncle qui s'est fait escroquer et s'est retrouvé sur la paille. Dans ce contexte-là, le petit a pu ressentir un danger et en être apeuré, se construire avec cette perception que la vie peut tout reprendre en un claquement de doigts, et garder par la suite cette angoisse de perte.

Adulte, il se raconte des drames de gens ruinés en se disant qu'« on ne sait jamais de quoi demain sera fait », et entretient sa crainte de cette manière-là...

Le changement : analogie entre crise de vie et crise économique

L'ère de la consommation débridée se meurt. Il faut apprendre à acheter moins, mieux, à vivre autrement. Certains essayent de se cramponner au système qu'ils ont toujours connu, d'autres observateurs envisagent une mutation nécessaire : « Acceptons le fait que le capitalisme se casse la figure, parce que le monde n'est plus le même, et qu'il nous conduit ailleurs. » Notre économie n'acceptera d'être modifiée que quand elle aura épuisé ses avantages.

Pour changer, le pingre doit appliquer exactement la même méthode : quitter la posture qui le rassure pour accepter la mobilité. Les spécialistes sont optimistes : chez le radin, rien n'est figé et l'amour peut faire des miracles. Lorsqu'un avare consulte un thérapeute, ce dernier pratique d'emblée un électrochoc : tarif de la consultation augmentée, médicaments non remboursés, si le patient revient, c'est le signe qu'il étouffe dans son système et qu'il est vraiment prêt au changement, à investir sans être remboursé.

C'est aussi une rencontre amoureuse qui peut faire exploser tout son système de protection. Une femme aimante et suffisamment maligne sait arrondir les angles dès le départ, et peut le faire changer d'attitude. Elle va diplomatiquement l'amener là où elle veut, y compris dans la tendresse, en positivant les choses (« J'aime tellement être avec toi, qu'on fasse plein de choses ensemble, aller au restaurant, partir en week-end »). L'idée est de faire sentir au radin qu'il a beaucoup à gagner de cette relation, que l'amour partagé rapporte plus qu'il ne coûte, en somme… S'il tient à elle, il va l'entendre, et du coup il peut s'opérer de vrais changements rapides. Le pingre fait partie de ces personnes que l'on ne reconnaît plus, chez qui tous les verrous pètent d'un coup, comme une libération.

La recette du succès

Lorsqu'on observe le parcours de ceux à qui la vie réussit (qu'il s'agisse d'amour, de notoriété, de carrière, d'argent, etc.), ils ont quelque chose en commun, et qui se vérifie chaque fois : ces personnes ont pris un jour le risque de tout perdre, elles n'ont pas hésité à lâcher une rive pour tenter d'atteindre l'autre. Tout quitter, déménager, mettre ses biens en gage, parier, emprunter, être dans le mouvement... Les grandes fortunes gagnées (pas héritées) appartiennent à des gens qui n'ont jamais fonctionné sur le mode de la sûreté.

La leçon à tirer est qu'en amour aussi, il faut risquer de perdre pour conquérir.

18

Le Dom Juan

CE QUE SON EX N° 1 DIT DE LUI

Jean m'a plantée au bout de trois mois… et j'ai rien vu venir !

CE QUE SON EX N° 2 DIT DE LUI

Jean m'a plantée au bout de six mois… et j'ai rien vu venir !

CE QUE SON EX N° 3 DIT DE LUI

Jean m'a plantée au bout de neuf mois… et j'ai rien vu venir !

CE QUE SON EX N° 4 DIT DE LUI

Jean m'a plantée au bout de cinq mois… et j'ai rien vu venir !

CE QUE SES EX N° 5 À N° 71 DISENT DE LUI

Jean m'a plantée au bout de sept mois… et j'ai rien vu venir !

CE QUE SA FUTURE EX (N° 72) DIT DE LUI

Jean ensoleille ma vie depuis six mois et demi et nous vivons déjà ensemble, à sa demande. Je sens que, cette fois, c'est la bonne !

CE QUE SA MÈRE DIT DE LUI

Mon Jean a un tout petit peu de mal à trouver la stabilité amoureuse. Mais ça, c'est parce qu'il n'a pas encore rencontré une femme à son niveau.

JEAN ET SYLVIE, FOREVER ?

Sylvie se pomponne dans la salle de bains. Depuis la chambre, Jean, déjà prêt à sortir, l'observe en souriant : avec ses pinceaux, ses brosses et ses instruments bizarres à portée de main, elle a la tête concentrée d'un neurochirurgien en pleine opération. En bien plus sexy. Jean se dit qu'il a de la chance. Après tant d'échecs, avoir rencontré la femme de sa vie, quel soulagement ! Depuis plus de six mois qu'ils vivent ensemble, pas un nuage, pas un accroc, pas la plus petite place pour l'ombre d'un doute... C'est elle. Enfin ! Jean lui lance gaiement : « T'as vu comme je me suis fait beau pour toi, mon amour ? » En pleine pose de rouge à lèvres, Sylvie lève le pouce de sa main libre. Sans se retourner. Tiens. Jean s'approche, elle reste les yeux rivés à son miroir. Quand enfin elle se tourne et fait « wouah », il s'est bien écoulé une dizaine de secondes.

Troublé, Jean la relance : « Quand même, elle tombe bien, cette vieille veste, non ? » Sylvie opine gaiement, tout en vaporisant de la laque sur sa frange. Jean encaisse, songeur. Cette veste, il vient de l'acheter, elle ne l'avait jamais vue !

Dans l'ascenseur, il enlace la jeune femme, qui fait un tout petit pas en arrière : « Fais quand même attention à mes cheveux, mon amour. » Jean ne dit rien. Mais il se met à observer fixement les boutons des étages qui défilent.

Chez Emmanuel et Katia, ses meilleurs amis, leur arrivée fait sensation : tous les invités interrompent leur conversation pour les regarder. Jean se dit qu'ils forment un beau couple et font probablement envie à tous ces gens mariés depuis des milliards d'années. Curieux de constater comme ils se tiennent loin les uns des autres, impossible de dire qui est avec qui, ils ne se touchent même pas ! Lui, il rêve d'autre chose, la magie du désir peut et doit durer, d'ailleurs, il est si bien avec Sylvie ! Alors que les autres femmes, probablement jalouses, la déshabillent du regard en se croyant discrètes, il se dit qu'il devrait lui faire un bébé, là, maintenant, tout de suite. Enfin tout à l'heure.

À table, Jean est assis à côté d'Alix, une fille avec qui il est sorti il y a tellement longtemps qu'il ne se souvient même plus pourquoi, et de Coco, une collègue d'Emmanuel, déjà rencontrée il y a trois mois. Katia, la maîtresse de maison, le regarde avec son éternel demi-sourire. Limite énervant, d'ailleurs. Sous prétexte qu'elle l'a connu avec pas mal de filles différentes (ça, il ne le nie pas du tout, il n'a pas toujours eu la main heureuse en amour) elle n'a jamais l'air de croire que cette fois-ci, c'est la bonne. Et pourtant, Dieu sait s'il est sûr de lui. Jean regarde Sylvie assise à la droite d'Emmanuel et s'émeut de la voir si jolie. La tête penchée vers son ami, elle semble tout ouïe et détache délicatement un morceau de pain qu'elle porte à sa bouche. Le sourire de Jean se fige. Elle a le vernis de l'index droit écaillé.

Alix, dont le verre de vin semble toujours vide (« J'ai l'impression qu'il fuit », dit-elle sans rire), raconte sa vie à Jean : depuis toutes ces années, elle n'a pas perdu son temps, déclare-t-elle fièrement en désignant Didier, son mari, d'un coup de menton. Deux enfants – fille-garçon –, deux chiens – femelle-mâle –, deux boutiques de mode en centre-ville... Jean l'interrompt : « Une pour femmes, une pour hommes ? » Très premier degré, son ex opine. Ben, dis donc ! Que de fantaisie ! grince-t-il. Alix lui cloue le bec : « Ah ouais ? C'est sûr que j'ai jamais eu le rêve de rester un fruit sec jusqu'à 50 ans. Tu vas les avoir bientôt, toi, si je me souviens bien ? » Jean reste bouche ouverte un court instant et cherche Sylvie du regard. De l'autre côté de la table, sa compagne, en grande discussion avec le maître de maison, ne cherche même pas à établir de contact visuel avec lui. Contrarié, Jean se tourne vers Coco. Allons bon. Il ne se souvenait pas qu'elle était aussi belle, mais avec ses grands yeux noirs et ses longs cheveux de jais, elle a quelque chose d'une Indienne, vraiment il ne lui manque que les plumes et la robe à franges. Il lui demande si elle ne serait pas une descendante de Pocahontas ? Coco rigole : le personnage de Disney ? Jean sourit : mais non ! Pocahontas, la fille du chef de la tribu Powathan, a vraiment existé au XVIIe siècle, en Virginie ! Veut-elle entendre son histoire ? La jeune femme opine et écoute, passionnée, le destin de celle qui sauva la vie de tant d'ennemis, par pure grandeur d'âme. Jean est un excellent conteur, Coco est sous le charme. Sylvie, qui a déjà entendu trois fois l'anecdote du mariage de la princesse indienne avec un colon blanc, ne suit le récit que quelques secondes, avant de recommencer à discuter des avantages/inconvénients d'une voiture hybride avec ses voisins. Jean, agacé, se dit qu'avec une compagne aussi poétique, dans six mois, c'est sûr, ils passeront leurs week-ends à faire la tournée des concessionnaires Nissan. C'est fou, tout de même, comme les femmes sont doubles : on dirait que les six premiers mois, elles ne présentent d'elles-mêmes qu'une bande-annonce palpitante… jusqu'au jour où l'on voit le film en vrai. Et qu'on le trouve trop long.

Coco, à sa droite, interrompt sa rêverie en posant délicatement la main sur son bras. Elle a une manucure parfaite et des doigts effilés de dentellière. Elle veut la fin de l'histoire de Pocahontas. « À ton avis ? sourit-il. Je suis sûr que tu as une intuition parfaite, tu as l'air tellement fine… » Coco plisse un peu ses beaux yeux : « Après toutes ses aventures, je l'imagine bien vivre avec son mari et ses enfants dans leur belle plantation, à regarder le soleil de Virginie se coucher sur des plants de tabac à perte de vue. » Jean ne lui dit pas que Pocahontas est morte à 22 ans de la tuberculose, dans des souffrances atroces. À la place, il sourit : « Dis-moi, tu n'as jamais pensé à écrire ? Tu es si à l'aise avec les mots. » Émue, Coco le regarde fixement : « C'est vrai que j'étais bonne en rédaction à l'école, mais je ne me suis jamais autorisée à penser que… Vraiment, tu crois que j'en serais capable ? » Jean opine gravement : « Tu devrais essayer. Bosser dans les assurances, ça n'a rien de honteux, bien sûr, mais un talent laissé en jachère, c'est un tel gâchis. » Coco en rosit de plaisir : « Venant de toi, un écrivain… » La main de Jean balaie l'air : « Allons, je commets quelques textes à mes heures perdues, rien de plus. Mais je connais des gens dans le milieu, ils pourront te donner un avis objectif. » La bouche ourlée de la jeune femme est entrouverte, si proche, tentatrice, tandis qu'au second plan Sylvie semble être devenue floue. Tout à son émotion, Jean ne voit même pas Katia, qui, juste en face de lui, le regarde en secouant lentement la tête de droite à gauche.

LES CLÉS DE SON COMPORTEMENT

Son problème

Le Dom Juan est un garçon brillant, intelligent, qui fait tourner la tête des femmes et brise bien des cœurs. C'est un homme fidèle, mais changeant. Sincèrement amoureux... chaque fois. Ce cœur d'artichaut vibre de ce qui fait le piment du début d'une relation, puis se lasse et recommence ailleurs. Rarement célibataire, il rêve de fonder une famille, mais n'y parvient pas.

> ### *Ce qu'en disent les psys*
>
> Dépendant de l'admiration qu'il suscite, le Dom Juan se mire dans le regard ébloui de celle qui l'aime. Idéalisant l'amour, il désire une fusion... qui ne peut durer dans le temps. Il entretient un perpétuel renouvellement émotionnel amoureux, et la reconnaissance qu'il recherche n'est pas celle qu'il croit.

Un début de relation éblouissant

À l'opposé du « flippé » (voir le chapitre 11), le Dom Juan aime l'engagement. Il est en quête de la femme de sa vie. Le problème est qu'il ne se rend pas compte qu'il est un Dom Juan. Chaque fois qu'il tombe amoureux, il espère profondément que ça va durer, il donne de lui-même, investit la relation. Il est ébloui par cette rencontre, la vie en commun, il en parle à tous ses amis (cette fois-ci, c'est certain, c'est la bonne !). Ce qu'il aime plus que tout : la nouveauté, le cœur qui bat, l'attente...

Il n'est pas intéressé seulement par la conquête sexuelle (d'ailleurs, du point de vue analytique, il semblerait que les vrais Dom Juan sont souvent impuissants). Ce qu'il veut, c'est vivre des moments d'une exceptionnelle intensité, qui ne finiraient jamais.

Le Dom Juan impose une relation exclusive, forte, presque fermée. Fusionnel, le couple ne se quitte pas, et chacun dépense toute son énergie à créer des moments inoubliables.

La routine qui le lasse

Grâce à la vie quotidienne, on connaît l'autre beaucoup mieux, ses traits de caractère se dévoilent, on devient plus authentique. Mais, tandis que la relation s'installe, forcément la passion s'émousse. Et pour un couple passionnel, pousser le Caddie chez Carrefour n'a rien d'exaltant.

Effectivement, après quelques mois d'amour, sa dulcinée ne se promène plus en nuisette le soir, ne l'appelle plus cinquante fois par jour, ne fait plus les mêmes efforts. Il est impossible d'être pétillant 24 heures sur 24, on a tous nos moments de non-partage avec l'autre, et ce n'est pas ce que le Dom Juan attend dans une relation. Il aime que ça bouge, qu'il y ait une certaine insécurité, et constamment une part d'imprévu.

Sans jamais se remettre en question lui-même, le Dom Juan déplore un certain « laisser-aller » chez l'autre. Il ne comprend pas ce qui se passe : puisqu'il donne tellement, puisqu'il pense que cette femme est la bonne, la plus belle et la plus intelligente, pourquoi ne le surprend-elle plus ?

Lorsqu'il rentre dans une forme de prévision de la vie à deux (il sait ce qui va se passer le soir), la relation l'ennuie, son intérêt pour l'autre s'émousse, et la frustration prend le dessus sur la raison.

Le Dom Juan, qui ne voyait même plus les autres femmes depuis le début de cette histoire, est déjà en train de regarder ailleurs. Il n'en est pas conscient mais il se lasse et recommence à faire le joli cœur, à cibler une nouvelle femme. Comme il sait y faire, il parvient rapidement à retomber amoureux d'une autre, et rompt sans préavis avec celle qui n'a rien vu venir. Le Dom Juan peut faire beaucoup de mal sans le vouloir.

Ne se rendant pas compte qu'il est Dom Juan, il rejette toujours la faute sur l'autre. Lorsqu'on lui demande : « Pourquoi l'as-tu quittée ? Elle était formidable ! », il répond : « Bof, pas tant que ça, j'en ai vite fait le tour, il n'y avait plus d'étincelle… »

Un homme est irrésistible s'il sait parler aux femmes

Les psys disent que 90 % des femmes sont amoureuses des mots. Sans doute à cause de leur éducation (on les a confinées pendant des siècles dans des maisons), elles connaissent l'importance des choses dites, avouées, chuchotées, racontées. Elles ont besoin de communiquer par la parole, et un homme qui sait manier le langage avec subtilité ne restera jamais seul. Les cabinets de psychothérapeutes sont remplis de patientes déprimées qui attendent désespérément que leur conjoint leur parle. Les couples qui ne se parlent pas sont voués à l'échec, même s'ils ne se disputent jamais.

Les Dom Juan sont de très beaux parleurs. Ils savent séduire avec les mots, cajoler, raconter, complimenter, s'intéresser (sincèrement) au sexe opposé. Ce sont eux qui remarquent la nouvelle robe, la couleur du balayage, la mine sombre. Un Dom Juan aime « la femme » et sait le lui faire savoir. Une fille aguerrie fait facilement la part des choses entre le Dom Juan, qui sait y faire, et le séducteur de bas étage, qui « dragouille »

Un homme qui sait toucher les femmes par de jolis mots fait mouche très rapidement. Drôle, craquant, brillant et plein d'à-propos, le Dom Juan est un homme intelligent, qui s'adapte à chaque nouvelle cible. Il décontenance par sa repartie et ses compliments extraordinaires... Pour beaucoup de femmes, c'est tellement merveilleux qu'un être si exceptionnel puisse s'intéresser à elles, comment ne pas succomber? C'est pourquoi le Dom Juan est si dangereux! Il fait tourner les têtes, même de celles qui se croyaient amoureuses de leur mari. Et le plus ironique, c'est que le Dom Juan n'emploie pas de stratégie, c'est sa façon d'être, il a en lui ce savoir-faire naturel.

En quête perpétuelle de l'admiration de sa mère

Cette incapacité à transformer le « début-fusion » en une vie de couple vient du fait que ce genre d'homme a en permanence besoin d'être réassuré de ce qu'il est. Il recherche inconsciemment la multiplicité des regards, des commentaires ou attentions des femmes. C'est comme une drogue, et si sa vie n'est plus ponctuée par cette reconnaissance, cette admiration, le Dom Juan s'étiole.

Quand il est privé de cette forme d'idolâtrie (ou tout simplement parce que la relation est entrée dans un processus beaucoup plus stable), il se sent mourir un peu. Alors il doit aller vérifier que sa « machine de guerre » fonctionne encore, et il repart dans sa quête amoureuse.

S'il a eu une mère qu'il juge parfaite et qu'il met sur un piédestal, le Dom Juan recherche celle qui pourrait être digne de sa succession. Mais au contraire, il a pu aussi ne pas avoir été assez regardé par elle, et souffre de carence affective. Peut-être a-t-il subi le dénigrement et a besoin de courir après les compliments, le regard des autres, qui le nourrissent... un moment.

Mais quoi qu'il fasse, ce regard maternel qu'il cherche est impossible à trouver, et aucun de ceux qui se poseront sur lui à l'avenir ne réussiront à le remplacer.

Un challenge pour chacune de ses conquêtes

Le paradoxe est que ce garçon, que sa réputation précède, trouve toujours une nouvelle conquête. Certaines femmes fuient ce genre d'hommes, mais d'autres en raffolent et sont prêtes à tout pour sortir avec lui, prenant le risque de n'être qu'un numéro de plus sur sa liste.

Car ces femmes-là pensent qu'elles sauront le garder pour de bon. C'est un vrai défi par rapport à elles-mêmes : être la dernière. Il est très flatteur de « ferrer » un Dom Juan, car on a le projet d'être l'unique, celle que les autres envient et jalousent. George Clooney, « serial-rompeur » au vu et au su de la planète entière… ne manque pourtant pas de prétendantes !

La peur de faire des enfants et l'angoisse de vieillir

Avec le temps, le Dom Juan souffre de ces histoires qui ne durent pas. Le temps passe et il ne crée pas de famille… Il aimerait devenir père, et en même temps a terriblement peur d'avoir des enfants. Il faut beaucoup s'oublier soi-même pour les élever ; ils vous renvoient à des choses très réelles, avec eux on n'est plus dans le rêve. Le Dom Juan sent que qu'un bébé viendrait désacraliser le côté « glamoureux » du couple, auquel il tient tant.

Le Dom Juan peut rester dans la séduction toute sa vie, tout en vieillissant seul. S'il n'a pas construit autre chose dont il peut se glorifier (une carrière brillante, un empire immobilier, etc..), il se confronte alors à un constat peu reluisant.

Le pire pour un Dom Juan est de vieillir. Ce qui le rend vraiment malheureux, c'est de constater qu'avec l'âge son charme ne fonctionne plus sur les femmes qu'il convoite.

Vieillir, c'est renoncer. Et le Dom Juan voit bien, lorsqu'il est avec des trentenaires, qu'il ne brille plus. « Celui qui n'est plus un perdreau de l'année », selon l'expression consacrée, va se faire ravir la vedette par des plus jeunes. Si on met Delon et Dujardin face à une fille de trente ans, elle ira vers le second, c'est certain ! D'autres peuvent l'accepter, mais pour le Dom Juan c'est très douloureux.

C'est cette souffrance qui peut lui donner les moyens de changer…

Exercice pratique :
se détacher du regard des autres

Certains hommes sont très jaloux de ce qui se passe en dehors d'eux (on le voit aussi en amitié). Il leur faut donc apprendre à se recentrer sur eux-mêmes, et ne plus se rassurer par ce qui vient de l'extérieur (les compliments…).

Si l'on sent que l'on a toujours soif de reconnaissance, et que cette dépendance a à voir avec notre célibat, on doit d'abord s'interroger : au fond, est-ce que je m'intéresse vraiment aux autres ?

L'étape suivante consiste à arrêter de se remplir du regard des autres. Ça peut vouloir dire concrètement, ne pas être soucieux du fait qu'ils soient toujours dans l'admiration. On peut s'astreindre ainsi à ne poser que des questions, à s'interdire de parler de soi dans une conversation, le temps d'un dîner pour commencer. Puis une journée entière. Et attendre de voir ce qui en ressort.

L'objectif est de nouer des relations qui soient de l'ordre du don. Il ne s'agit pas de «donner» pour séduire (quel type formidable!), mais pour l'intérêt sincère qu'on a dans l'échange avec l'autre.
Pour aller plus loin, l'étape suivante implique d'accepter une forme de solitude, à condition de la rendre confortable.
Renoncer, un temps, à la vie mondaine. Faire une retraite, ou rester chez soi en se faisant la vie douce. Allumer des bougies, se couler dans un bain moussant, savourer des mets que l'on aime, relire ou revoir les grands classiques qui nous font plaisir, bref, prendre soin de soi. Et surtout : rêver. On ne dit pas assez combien on peut se réparer dans la rêverie. Elle aide à se recentrer sur soi. Afin de ne plus attendre le jugement des autres pour se considérer soi-même, il faut se chercher... pour se trouver.

Se nourrir de l'intérieur, parce qu'il le vaut bien!

Pour changer profondément, le Dom Juan doit devenir capable d'estimer seul sa propre valeur. Et, pour ce faire, il va devoir investir une passion, se trouver un centre d'intérêt, devenir créatif dans un domaine en le gardant dans son jardin secret. Jouer du piano, faire de la peinture ou des cathédrales en allumettes, pourquoi pas! Mais il doit s'interdire de les soumettre à une approbation extérieure. Pas de photos sur les réseaux sociaux, pas d'exposition ni de concert, le Dom Juan doit entreprendre et progresser pour lui seul. C'est lui qui se donnera sa propre reconnaissance : «J'ai bien travaillé... j'ai avancé... je suis doué.»

Au début le Dom Juan éprouvera un manque, il sera comme perdu sans ce regard d'admiration extérieur. À long terme, le Dom Juan peut guérir, mais seulement s'il accepte que cela soit douloureux (sinon, comme un drogué il replongera dans ce besoin d'idolâtrie). Il faut que l'étape des paillettes soit rangée dans un tiroir, pour qu'il ouvre un autre livre de sa vie, avec une femme qui pourra partager autre chose que des moments intenses. Quelque chose de beau, de bon, d'apaisant aussi.

19

Le monomaniaque

CE QUE SON PROF PRINCIPAL DISAIT DE LUI À 15 ANS

Vingt ans après, j'ai encore le souvenir de la petite musique qui s'échappait du pupitre de David. J'avais mis trois mois à comprendre qu'il jouait à Donkey Kong pendant les cours d'histoire.

CE QUE SON EX DIT DE LUI

Le jour où j'ai entendu David parler de son sexe comme de son « joystick », j'ai compris que ce serait pas gagné…

CE QUE SON PATRON DIT DE LUI

David est un collaborateur dévoué, toujours sur son ordinateur à vérifier ses stocks. Je ne sais pas pourquoi tout le monde l'appelle « Supergeek » à la pharmacie…

CE QUE SA GRAND-MÈRE DIT DE LUI

La femme qu'il faudrait à mon petit-fils? Il m'a dit qu'il l'a déjà rencontrée, mais il tarde à me la présenter. Sans doute parce qu'elle est américaine. Elle s'appelle Lara… comment déjà? Ah oui, Lara Croft.

CE QUE SON MEILLEUR POTE LUI RÉPÈTE

Sors un peu de chez toi, ou tu vas vraiment finir par choper le bide de Super Mario et le cerveau d'un « Lapin crétin »…

CE QUE LE CHEF DU RAYON « JEUX VIDÉO » DE LA FNAC DIT DE LUI

À force, c'est devenu un copain. Et c'est toujours lui que j'appelle quand un client a un pépin technique sur un jeu.

DAVID ET GOLIATH, UNE HISTOIRE D'AMOUR

7 heures. David se réveille, complètement dans le coaltar. Il s'est couché bien trop tard hier... enfin tout à l'heure. Sur sa couette, à sa main gauche, « Tritty » son casque circum-aural sans fil (note du traducteur : accessoire du vrai gamer destiné à le faire ressembler à un martien hydrocéphale des années 50), avec lequel il est allé au lit sans faire attention quatre heures plus tôt. Si le micro intégré ne lui était pas rentré dans le menton, il aurait dormi avec, c'est probable.

7h15 : Après sa douche, David hésite entre prendre un vrai petit déjeuner, avec céréales complètes et oranges pressées, ou attaquer le prestige 18 de CoD Black Ops 2 (NdT : « prestige » signifie « niveau » et CoD, Call of Duty ou encore « Callof », est un jeu d'une grande finesse, consistant essentiellement à dégommer des nazis au bazooka). Il a promis à ses followers de poster son let's play (NdT : vidéo permettant aux tricheurs, oups, joueurs de surmonter une difficulté d'un jeu) avant ce week-end, et il est déjà jeudi... Allez, juste cinq minutes, histoire de prendre un poil d'avance sur son « tuto » (NdT : tutoriel = let's play).

8h20 : L'alarme du smartphone de David le rappelle à l'ordre. Aïe, il n'a pas vu le temps passer. Il éteint Goliath, une bête de 16 GO, à qui il a offert pour Noël un processeur Intel Core i5 3570K (NdT : gros matos bien cher) – il le mérite, brave, brave vieux PC – et fonce au boulot, sans avoir pris de petit déjeuner bien sûr.

8 h 35 : Avec cinq minutes de retard, David arrive en courant à la pharmacie, une viennoiserie entre les dents. Linda, qui a déjà levé le rideau de fer, le regarde, interloquée. « T'es sûr, pour le pain choc ? » dit-elle en jetant un bref coup d'œil à son ventre. Bon, OK, elle est de mauvais poil. Un instant, David se demande si c'était une si bonne idée que ça, de sortir avec sa collègue. Lorsqu'il annule une soirée, comme hier, il est obligé d'expier toute la journée du lendemain, c'est pénible. Mais David déteste se fighter quand il n'est pas derrière un écran. Et quand même, Linda est si jolie... Il entre dans la pharmacie, penaud.

8 h 40 : Tandis que David enfile sa blouse, Linda vient rapidement se coller contre lui. Le contact de ses seins, ses petits bras ronds qui l'enlacent, son odeur de miel, tout cela réchauffe le cœur du préparateur au point de mettre en émoi son joystick (NdT : « bâton de joie », soit manette de jeu oblongue) un peu, imagine-t-il comme quand Link réussit à rejoindre la princesse Zelda au dernier niveau de Skyward Sword (NdT : quinzième épisode de la mythique série « La légende de Zelda », dont le héros, Link, est un chevalier romantique qui ne décapite les gens qu'à l'épée). Linda murmure : « Pardon si je t'agresse, mais tu m'as manqué, hier soir. C'était bien, au moins, ta soirée entre hommes ? – Toi aussi, tu m'as manqué, bébé », répond-il prudemment. Inutile de lui dire qu'à sa soirée « entre hommes » n'étaient invités que Goliath son PC, Tritty son casque et Huang Lee, le héros de GTA 4 (NdT : Grand Theft Auto 4, très populaire auprès des mineurs, apprend aux joueurs à dealer afin de devenir le chef de la mafia).

12 h 30 : Mauvaise matinée. Avec la recrudescence de grippe, David n'a pas eu une minute à lui pour travailler sur l'ordi de l'officine. Il décline la proposition de Linda d'aller manger un morceau tous les deux, expliquant qu'il doit contrôler les stocks en ligne et s'enferme dans le bureau pour pouvoir avancer sur « Callof ».

12h51 : Jean-François, son patron débarque. En deux dixièmes de seconde, David a déjà filé sur la page des stocks, l'air concentré. Tout en lui expliquant qu'il vient de renouveler pour la seconde fois de la matinée la commande de Fervex, le préparateur se dit qu'à même pas 60 ans, son boss ressemble de plus en plus à un vieux troll de WOW (NdT : World of Worcraft, jeu de baston médiévale compte plus de onze millions d'addicts dans le monde qui PAYENT environ 13 euros chaque mois pour jouer en ligne).

13h15 : David demande de ne pas retourner à la vente : peut-il rester dans le bureau, afin de « débrouiller les galères de réseau » ? En pur produit de la génération X, Jean-François, aux anges de n'avoir pas à résoudre de problèmes d'ordinateur lui-même, l'y autorise bien volontiers et rejoint le magasin.

13h20 : Linda déboule, l'air soupçonneux. Elle ne croit pas une seconde à ces histoires de problème de connexion dont vient de lui parler Jean-François, le wifi de son téléphone marche très bien… David geeke encore, c'est ça ?

13h21 : Non, non, assure-t-il en montrant la page des commandes. Mais Linda est rusée : elle appuie sur la touche « précédent » et découvre la partie de « Callof » en cours. David joint les mains, à l'agonie : il faut qu'elle comprenne, c'est trop important ! « Faire un tuto sans spoiler » (NdT : sans gâcher le suspens) est un art qui prend du temps ! Hélas, cette pauvre Linda, qui en restée aux Pokémons, le regarde avec des petits yeux durs et lui colle un ultimatum : elle ne comprend pas un mot de ce qu'il raconte, en plus il lui avait promis de se calmer sur les jeux vidéo, alors ou il l'invite ce soir en tête à tête dans un restau SANS ÉCRANS, pas comme la dernière fois, ou c'est fini entre eux. David baisse la tête. Linda est si sexy quand elle est en colère, le sosie de Lara Croft, il ne lui manque que le poignard sur la hanche… C'est bon, tu as gagné, soupire-t-il. Il se garde de préciser qu'il compte bien expédier l'après-dîner pour rentrer finir son let's play dans la nuit.

19h40 : De retour de la pharmacie, David vérifie son compte bancaire en ligne. Oh non ! On est le 16, il n'a plus que 275 euros de crédit ! David caresse le clavier de Goliath, songeur. Il s'était promis de changer son écran ce mois-ci. Un 27 pouces, c'est 250 euros minimum... Mettre plus de 50 euros dans une soirée, il n'en a pas les moyens en ce moment, et puis c'est tout. Impossible d'inviter Linda au Flunch, elle serait capable de faire la gueule pendant quinze jours... Il va devoir annuler le restau, pas le choix. Son instinct qui lui dictant d'éviter l'affrontement verbal, David envoie un courageux SMS à Linda : « Too bad pour ce soir, grosse galère perso, t'expliquerai. »

19h42 : Texto de Linda disant : GAME OVER. Un instant, David a la gorge serrée, puis il songe que ça fait une bonne vingtaine d'années qu'on ne voit plus s'afficher « game over » en fin de partie sur un écran. Même si elle est nulle en gaming, Linda n'a pas pu écrire un truc aussi ringard. Tant qu'il ne verra pas « You are dead » sur un SMS de sa copine, il considérera qu'elle est juste en colère. David se tourne vers Goliath et lui sourit. La nuit est à eux.

LES CLÉS DE SON COMPORTEMENT

Son problème

Le monomaniaque est un homme qui consacre tout son temps et/ou son argent à sa passion (foot, sport extrême, trains miniatures, jeux vidéo...). Même s'il a fondé une famille, elle passe toujours après cet « objet d'amour » qui le dévore et l'exalte. Sa compagne, toujours seule, usée d'être si peu considérée et jamais écoutée dans ses revendications, finit par le quitter. Et il a bien du mal à trouver une femme qui accepte le peu de temps qu'il daigne lui consacrer.

Ce qu'en disent les psys

On peut faire un parallèle entre la passion amoureuse fusionnelle et celle qui occupe le monomaniaque. Il n'arrive pas à faire de place à l'autre (sa compagne, ses enfants), car il est pris dans une relation exclusive. En pratiquant sa passion il recherche la fusion, et a trouvé là de quoi combler le manque qui l'angoisse. En tant qu'égocentrique, son plaisir l'emporte sur ses devoirs de mari et de père, qui en tout état de cause ne lui apportent pas de grande satisfaction.

Passion positive et passion pathologique

On distingue deux grandes familles de passions :

• La passion constructive (faire de la musique, du sport, tenter l'ascension de l'Himalaya, etc.), grâce à laquelle on avance, on se perfectionne, on se dépasse. Cette passion-là reste positive, même si elle est chronophage, car elle se partage avec d'autres mordus du même acabit et n'est pas désocialisante.

• La passion qui, pratiquée en solitaire, s'apparente à l'addiction (jeux vidéo, ou même le sport lorsqu'il est pratiqué d'une façon totalement toxicomaniaque). Là, le huis clos devient pathologique. Entre le monomaniaque et sa passion, il n'y a plus de place pour un tiers, c'est une relation qui repousse tout le reste, comme si plus rien d'autre ne comptait, au point d'en oublier les relations humaines.

En recherche de fusion

La passion amoureuse donne l'illusion que l'autre est l'être parfait qu'on a toujours cherché, car il (ou elle) comble tous nos besoins. Créant un enfermement, cette fusion ne peut pas durer dans le temps sous peine d'étouffer le couple (ou le plus dépendant des deux). Chez le monomaniaque, sa pratique de la moto, du foot [...] le place dans ce rapport où l'objet de sa passion comble son manque. Du moins tente-il de le faire.

Nous sommes tous des éternels insatisfaits

Depuis que nous sommes sortis du ventre de notre mère (dans lequel nous ne connaissions ni la faim, ni le froid, ni la frustration), nous sommes tous régis par un manque, que rien ne saura plus combler. On l'a tous au fond de soi, et personne ne nous donnera jamais tout ce dont on a besoin. Quel que soit l'amour que l'on nous porte, il y aura toujours une différence entre ce que l'on reçoit et ce que l'on attend, la réponse de l'être aimé ne sera jamais totalement satisfaisante.

Et c'est une bonne chose ! Car si on était toujours comblé, dans cet état de nirvana décrit par les bouddhistes (état de sérénité suprême auquel on accède lorsqu'on a renoncé

au désir), ce serait une catastrophe ! S'il n'y avait pas le manque, on resterait assis sur un coussin à ne rien faire. Nous connaissons tous des histoires d'enfants de milliardaires n'ayant jamais vécu la frustration, et qui se tournent vers la drogue, errant sans but ni envie...
C'est notre insatisfaction qui nous fait vivre. C'est ce vide que l'on tend à combler qui nous fait aller de l'avant, c'est le manque qui nous fait entreprendre et créer.
Si la majorité des gens s'accommode de ce manque originel, il peut être insupportable chez certains. C'est le cas de ceux qui tombent dans la passion dévorante et l'addiction.

Le profil du monomaniaque

C'est un homme ayant un rapport particulier au manque et au besoin, dont le vide intérieur crée plus d'angoisse que chez les autres.

Un jour, dans sa construction, il a rencontré une activité qui a fait sens, et qui l'a apaisé sur le moment. Enfant, son père a pu l'emmener au rugby et le regarder (enfin) avec admiration et respect ; adolescent, ses performances dans les jeux vidéo ont pu lui offrir une reconnaissance dans sa communauté. Peut-être que jeune adulte, l'adrénaline et les endorphines déclenchées par un sport extrême sont venues pallier une tendance à la déprime. En tout cas, le monomaniaque a besoin de retourner à cette passion pour retrouver la paix intérieure (ponctuelle) qu'il a ressentie.

Une fragilité très masculine

Brisons tout de suite une idée reçue. Les spécialistes l'affirment : les hommes sont par nature plus angoissés que les femmes (si !).

Certes, elles expriment plus souvent – voire quotidiennement – l'angoisse, l'inquiétude et l'insatisfaction. Mais leurs doléances s'adressent à autrui – « j'ai peur que tu me quittes », « j'en ai marre de passer pour la bonne », « maman tu me gonfles » –, elles sont extériorisées. Les femmes sont forgées depuis toujours pour verbaliser ce qu'elles ressentent.

Les hommes, eux, taisent l'angoisse qui les ronge (voir le chapitre 15, « Le mutique »), et ont tendance à la combler par une addiction ou, dans le meilleur des cas par le huis clos avec la passion. Si statistiquement, les addictions (drogue, jeu, sexe, alcool...) sont plutôt l'apanage des hommes, c'est parce qu'elles remplacent le désir par le besoin, elles créent un manque, qu'elles comblent à la fois.

De la même façon, si on considère les maladies mentales, les hommes sont davantage touchés par les pathologies graves (schizophrénie, autisme...), alors que les femmes sont plutôt concernées par les pathologies plus ordinaires (dépression, phobie...).

La passion des copains

Certains hommes monomaniaques passent tout leur temps libre avec leurs amis, eux aussi accros. À la maison c'est la journée « potes » ouvertes en permanence, soirées pizza-match de foot, le garage est devenu salle de concert, l'envahissement est total au détriment de la famille. Celui qui, marié avec des enfants, va dépenser les trois quarts de son temps libre et/ou de son argent dans sa passion, est un être égocentrique. Seul compte la satisfaction de son propre plaisir.

Soyons clair : certains hommes ne sont pas concernés par leur relation de couple. Ils ont envie d'avoir une compagne parce qu'ils sont hétéros, et ont besoin d'une vie sexuelle et affective, mais ce dernier point ne les intéresse pas vraiment.

Cela, quelle que soit la femme. Elle ne doit surtout pas se remettre en question.

Une compagne qui s'oublie

Comment rester avec quelqu'un qui trouve son bonheur hors du foyer ? Comment construire si on ne partage jamais rien, si on n'est jamais ensemble ? Quand dans un couple l'homme est monomaniaque, sa compagne doit lui vouer une certaine admiration, sinon la situation est invivable.

Si une femme choisit de rester avec lui, elle devra s'oublier, accepter de se mettre en retrait pour vivre dans son ombre. Si elle l'accompagne dans son activité, elle n'y trouvera pas sa source d'épanouissement, car ce n'est pas toujours drôle d'attendre dans les tribunes pendant des heures. Mais elle ne souffrira plus de son absence, ni de jalousie (sa situation étant vécue comme un adultère).

Elle peut essayer de s'intéresser à l'activité chérie par son compagnon : s'il est fondu de moto, passer son permis peut lui faire mieux comprendre ses sensations. Et s'il s'agit d'un sport masculin, pourquoi ne pas adhérer au club en tant qu'administratrice, organiser des soirées pour récolter des fonds, négocier les achats de maillots, préparer des tournois à l'étranger ? Ce qui compte, c'est de passer du temps ensemble.

Exercice pratique : partageons pour durer

Lorsqu'on commence une histoire, tout est à construire, en particulier la complicité. Pour durer, un couple doit avoir des choses en commun, partager des activités, car tout ce qu'on vit à deux cimente la relation.

Certes, il y aura les enfants et tout ce qui les concerne sera pensé ensemble, mais il n'y a pas que ça : faire du sport, voyager, aller au théâtre, retaper une vieille maison ou collectionner les casseroles... N'hésitons pas à chercher en couple, si ça ne tombe pas sous le sens, une activité que l'on peut pratiquer à deux : plus il y a de terrains communs, plus il y aura de zones d'échange et d'intimité.

Il est tout à fait légitime de choisir sa compagne selon ses centres d'intérêt, lorsque ceux-ci prennent une place prépondérante dans votre quotidien. Une femme comprendra facilement pourquoi vous avez dans votre frigo quatre litres de fond de teint irisé et soixante-douze blancs d'œufs, si elle aussi est adepte du culturisme...

Changer : une lente désintoxication

Concrètement, si un monomaniaque désire changer, il doit apprendre à laisser à l'autre une place consistante, qui ne soit pas un strapontin. Se couper de sa passion radicalement peut faire surgir des angoisses et du manque, il n'est pas question de renoncer totalement à son plaisir, mieux vaut préférer une lente désintoxication.

Par la volonté seulement, on peut s'interdire de se livrer tous les jours à sa passion. On peut commencer par passer trois week-ends par mois à faire de l'alpinisme, mais pas les quatre. L'objectif est d'atteindre peu à peu un temps raisonnable, et de trouver l'équilibre entre le légitime épanouissement de soi et le respect des autres.

Le monomaniaque est un homme qui recherche la fusion, et qui potentiellement est sujet à la passion amoureuse. Il n'est pas rare qu'il commence à s'ouvrir aux autres, puis rencontre une femme et l'aime intensément. Si l'histoire devient pérenne, notre ex-monomaniaque fera partie de ceux qui délaissent totalement leur passion pour leur vie de famille. D'une idée fixe à l'autre...

Conclusion

C'est la faute à la société !

Nous voilà au terme de notre voyage au pays des célibataires : sans doute vous serez-vous reconnu(e) ou aurez-vous retrouvé des proches dans l'un ou plusieurs des profils proposés. Une chose est sûre et elle nous concerne tous, quel que soit notre statut marital : ces dernières décennies, notre perception du bonheur à deux a changé. C'est un fait de société, trouver l'amour est devenu l'ambition la plus largement partagée, l'objectif commun, le saint graal à atteindre à tout prix… Nous sommes de plus en nombreux à revendiquer une certaine exigence car nous avons le choix, tant sur notre partenaire (dix-huit millions de célibataires en France !) que sur le mode de vie qui nous conviendra le mieux (mariage, union libre, cohabitation ou non…). Le paradoxe, c'est que tout ça a quelque chose de terrifiant : l'être humain veut pouvoir choisir, mais il a tout autant besoin qu'on lui dise qui il doit être. Être libre, la perspective est grisante, mais être complètement libre, c'est aussi être seul… Est-ce cela que nous voulons, sur le long terme ? D'autant que dans le discours officiel, si le couple n'est plus une obligation pour trouver le bonheur, il reste bel et bien une injonction. On nous dit qu'on peut être heureux sans conjoint ni enfant, mais en même temps, laquelle d'entre nous ne s'est jamais désolée : « La pauvre, 39 ans et toujours pas maman, ça commence à faire tard » ? Quant à celles et ceux qui revendiquent le célibat comme un choix de vie, n'entend-on pas tout et n'importe quoi à leur sujet, à commencer par le classique : « Ce doit être un gay refoulé... » Tout être humain étant rassuré de suivre des modèles, comment, à terme, ne pas se remettre en question ?

La répétition, le dénominateur commun

Vous l'aurez constaté, les profils de ce livre présentent tous un point commun : la répétition. Et à partir du moment où il y a répétition, il y a stratégie inconsciente. Tous ceux qui n'arrivent pas à trouver l'amour ou qui reproduisent toujours le même schéma devraient s'interroger : « À quoi sert ce modèle que j'ai inconsciemment mais si soigneusement mis en place ? Qu'est-ce que je cherche à éviter, au juste ? La rencontre, la construction d'un couple ou encore d'une famille, le risque d'abandon ? » En filigrane de tous ces profils, assurent les spécialistes, on retrouve presque toujours la peur de perdre une certaine maîtrise. C'est là un point crucial à creuser : Êtes-vous prêts, dès à présent, à « lâcher » quelque chose ? Vivre à deux, c'est forcément accepter de changer un peu. On a souvent le fantasme de « l'autre qui voudrait nous faire changer », mais c'est le couple en tant que tel qui crée un mouvement perpétuel, capable de nous régénérer tous deux !

L'avantage du célibat : apprendre à se connaître

Le célibat nous renvoie au plus profond de nous, dans un face-à-face qui peut avoir quelque chose d'effrayant. Pourtant on augmente ses chances de faire une vraie rencontre lorsqu'on se connaît mieux soi-même. Si on attend l'amour pour être sauvé de ses névroses ou de ses angoisses, ça ne marchera jamais ! Notre compagnon n'a pas ce rôle, il sera une béquille pendant un certain temps, mais on ne construit rien de pérenne hors une histoire d'amour inventée ensemble. Les spécialistes comparent parfois le psychisme à une cuisine. On a peu ou prou tous les mêmes ingrédients au départ (blessures sociales, familiales ou amoureuses..., il est rare d'arriver « intact » de tout traumatisme à l'âge de 30 ans !) ; reste à savoir quel plat on va faire avec ce qu'on a dans nos placards ! C'est comme une tarte aux pommes, par exemple : nous avons tous une recette, mais il n'y en a pas deux qui se ressemblent. Il est troublant de voir comment au sein d'une même famille le comportement de trois frères est différent. Quand la tarte est toujours brûlée ou pas assez cuite, il ne faut pas hésiter à consulter un thérapeute. En amour comme ailleurs, tout peut se réapprendre, la vraie question à se poser, c'est : « Est-on prêt à se donner l'"envie d'avoir envie", ou – comme font la plupart de gens – a-t-on tendance à rejeter la faute sur les autres sans se remettre en question soi-même ? »

Voulez-vous vraiment rencontrer quelqu'un ?

Tant de célibataires ont l'impression que c'est tellement compliqué pour eux, alors que pour les autres c'est si facile ! Puis un jour, miracle, tout semble se dénouer, une rencontre se fait. Nous avions idéalisé ce moment, nous l'avions même espéré comme un dû, en pensant : « Moi aussi j'ai le droit à ma part du gâteau ! » Et soudain, patatras, face à la réalité d'une histoire naissante, nous faisons la fine gueule : « Bof, le gâteau va me faire grossir, et puis ce n'est pas ce gâteau-là que je voulais, ce n'est pas maintenant qu'il fallait en manger, et tiens, je suis même plus sûre d'avoir faim... » (Que ceux qui n'ont jamais ressenti cela nous jettent la première cerise confite !) Reste qu'un échec amoureux n'est pas toujours vécu comme une souffrance : si l'on prend le cas des « vieux garçons » ou des « coincées », par exemple, on constate que leur rigidité les protège assez bien de l'angoisse... Les thérapeutes distinguent volontiers ceux qui ont balisé leur célibat (difficile alors pour l'autre de trouver une place), et ceux qui le vivent assez bien, mais sans avoir balisé : d'après vous, à quelle catégorie appartenez-vous ?

Profiter de la vie en attendant l'âme sœur

Autre question fondamentale à se poser avant de refermer ce livre : où en êtes-vous de votre attente de l'amour ? Sur une échelle qui irait de 1 (j'aimerais que ça arrive mais rien ne presse) à 5 (ma solitude s'est transformée en angoisse de chaque instant), quelle note vous donneriez-vous ? Certains célibataires ne comptent que sur « l'autre » pour commencer à vivre, comme s'ils se mettaient sur « pause » en attendant l'amour. D'autres font leur vie en s'autorisant à en profiter, à ne remettre aucun plaisir, aucun risque à plus tard... et c'est à ce moment-là que le fameux « autre » arrive ! Divine surprise, on le guettait par ici et il débarque par là ! Pour que LA rencontre nous surprenne, c'est comme s'il ne fallait pas avoir le temps d'y penser, voilà pourquoi nous ne saurions trop vous conseiller d'investir votre travail, vos loisirs, vos amis... N'écoutez surtout pas ceux qui vous disent : « Si tu bosses trop, tu ne trouveras pas. » Promis, c'est faux ! En revanche, il y a une différence entre camper au bureau (une fuite pour ne pas vivre sa vie) et s'éclater sur ses dossiers, ce qui n'a jamais empêché de séduire ou d'être séduit.

Ultime recommandation des auteures qui, à cet instant, se sentent un peu comme deux mères poules au moment de lâcher leurs poussins dans la nature (!) : ne partez pas sabre au clair sans avoir pris le temps de rédiger, sur un joli petit papier s'il vous plaît, une ou plusieurs réponses à cette question simple : « Qu'est-ce que, aujourd'hui, moi, X, j'attends de la vie à deux ? » Si vous répondez « pouvoir diviser mon loyer », « claquer le bec de ma mère qui me dit que je suis invivable » ou « une grossesse d'ici trois mois », aïe, aïe, aïe, « que de pression dans les bars », comme dit la chanson ! Mais si vous êtes plutôt tenté d'écrire : « Je voudrais partager des choses. M'ouvrir, découvrir, essayer, changer, donner une chance à ma vie. Au fond, je n'attends rien de particulier. Mais je crois que je suis prêt », sachez que, de l'autre côté de cet ouvrage, une grande brune et une petite rousse viennent de se taper dans la main. Bonne chance à vous !

Remerciements

Merci à Sophie Cadalen, Serge Hefez, Alice de Lara, Sylvain Mimoun, Caroline Thompson et Maryse Vaillant de leur aide si précieuse.

Merci à notre éditeur, Philippe Rey, de nous avoir mises en contact et de nous avoir offert, en plus de quelques mois de boulot passionnant, la possibilité d'une jolie histoire d'amitié.

Merci à nos mères de nous avoir transmis leurs petites névroses et, grâce à leur amour, de nous avoir tenues à l'écart des grandes ! Merci à nos grands-mères, pour leurs conseils et leur regard toujours bienveillant. Nous sommes fières d'appartenir à des lignées de femmes si fortes et si belles, et espérons avoir réussi à notre tour à transmettre à nos enfants leur humour, si ce n'est leur sagesse…

Enfin, un grand, un immense merci à Lilian et Laurent, nos hommes, d'avoir supporté tous ces week-ends de « célibataires avec enfants à charge » que nous leur avons imposés pendant la rédaction de ce livre ! Nous sommes bien conscientes de notre chance de les avoir à nos côtés. Même si la réciproque est vraie, naturellement.

Biographies des spécialistes qui nous ont conseillées durant la rédaction de ce livre

Psychanalyste et écrivain, Sophie Cadalen a publié *Inventer son couple – Préserver le désir au quotidien* (Eyrolles, 2006) ; *Hommes, femmes, ni Mars ni Vénus – Oui, nous sommes différents, mais autrement* (Leduc, 2006) ; *Les femmes de pouvoir, des hommes comme les autres ?* (Seuil, 2008) ; *Tout pour plaire et toujours célibataire* (Albin Michel, 2009). Elle a également écrit une pièce de théâtre, *Tu m'aimes comment ?*, dans laquelle elle joue.

Psychiatre et psychanalyste, Serge Hefez est responsable de l'unité de thérapie familiale dans le service de psychiatrie de l'enfant et de l'adolescent à l'hôpital de la Pitié-Salpêtrière de Paris. Spécialiste du VIH, il dirige également l'Espace social et psychologique d'aide aux personnes touchées par le sida (Espas) et intervient à l'Institut national pour l'éducation à la santé. Il participe tous les mercredis à l'émission *Service public* sur France Inter. Il est l'auteur notamment de *Quand la famille s'emmêle* (Hachette, 2004), *Dans le cœur des hommes* (Hachette, 2007), *Scènes de la vie conjugale* (Fayard, 2010), *C'est quoi être amoureux ?* avec Florence Lotthe-Glaser (Bayard Jeunesse, 2011) et *Le Nouvel Ordre sexuel* (Kero, 2012).

Thérapeute de couple et médiatrice familiale, Alice de Lara est coauteure de *Parlons psy* (L'Archipel, 2007) et de nombreux articles (notamment sur le conseil conjugal et familial, la médiation familiale, les crises et ruptures de couple) sur son site personnel www.conseilconjugal.com ainsi que sur le site de l'association Thérapies-Conseil, www.psychotherapies.org

Gynécologue-andrologue-psychomaticien, Sylvain Mimoun dirige le centre d'andrologie à l'hôpital Cochin, à Paris. Il est auteur de nombreux ouvrages dont *Ce que les femmes préfèrent* (Albin Michel, 2008), *Sexe et sentiments – Version femme* (Albin Michel, 2009), *Sexe et sentiments – Version homme* (Albin Michel, 2009), *Sexe et sentiment après 40 ans* (Albin Michel, 2011), *Être mieux avec son corps* (Michel Lafon 2012), *Antiguide de sexualité - Les clés pour une sexualité épanouie* (Bréal, 2012).

Docteur en psychologie clinique, exerçant à l'hôpital de la Pitié-Salpêtrière, Caroline Thompson a publié *La violence de l'amour* (Hachette Littératures, 2007), et cosigné *Transfert et état limite* (PUF, 2002) et *L'homoparentalité, réflexions sur le mariage et l'adoption* (La Documentation française, 2007). Elle a présenté une émission de télévision intitulée *Psy* sur la chaîne Santé-Vie en 2000 et a collaboré aux *Maternelles* sur France 5.

Psychologue clinicienne spécialisée dans le domaine de l'enfance, de l'adolescence et de la famille, Maryse Vaillant, née en 1944, est décédée en janvier 2013. Elle a d'abord été éducatrice avant de s'orienter vers les problèmes adolescents et le conseil aux familles. De formatrice elle est devenue chargée de cours à Paris VII, puis chargée d'études à l'Institut de l'enfance et de la famille et à la Protection judiciaire de la jeunesse. Elle est l'auteure de nombreux ouvrages sur l'adolescence, la famille ou le couple, dont *Pardonner à ses parents* (La Martinière, 2001), *La répétition amoureuse : sortir de l'échec* (coécrit avec Sophie Carquain, Albin Michel 2010), *Être mère : mission impossible ?* (Albin Michel, 2011), *Mes petites machines à vivre* (Marabout, 2012), *Sexy soit-elle* (Les Liens qui libèrent, 2012).

Cet ouvrage a été achevé d'imprimer
en avril 2013 par
CPI Firmin Didot

N° d'imprimeur : 116817
Depot legal : avril 2013
isbn 978-2-84876-304-0
Imprimé en France